接受過去的不完美，活出未來更好的自己

徐竹——著

序

只有不再對自己失望，你的未來才會充滿光明

每個人都有過去，年紀越大，儲存的回憶越多。

從升上國中起，我便開始回想起小學時期的種種，甚至會將小時候與當時的自己做比較。當時很納悶為什麼小學之前根本不懂孤獨是怎麼回事？卻在上了國中之後，常常被寂寞與不愉快的感受所圍繞。

有時回憶像是反省，也像在做比較。自己與過去的「自己」做比較，它像是一種成長的開始，但也可能讓人痛苦不堪。

有些回憶充滿歡喜，但有些回憶卻令人感傷。我們會記得那些刻苦銘心的記憶，但如何把那些不愉快的過往轉化成激勵自己的力量，而不是憂心喪志的打擊，就是一門學問了。

沒有一個人是完美的，因此在生活中總有些遺憾、有過挫折，但也因為痛過、傷過，我們才更清楚自己問題的所在。積極的人會從挫敗中學習，尋找方法，突破自身的盲點，而消極的人則容易被過去所牽絆，陷入低潮的情緒之中。一個是向上的力量，一個是往下的沉淪，而你，希望自己是哪一種呢？

對於自己所犯的錯誤，我們需要面對的勇氣，逃避是解決不了問題的，即使你摀住耳朵或閉上眼睛，仍掩飾不了已發生的事實。挫敗感會在午夜夢迴襲擊你，會在脆弱孤獨時打擊你。

如果我們不力圖振作改變，就永遠無法脫離那些挫敗的惡性循環。

失敗是最好的導師，它可以幫助我們導正一些錯誤的觀念和行為。我們從失敗中得到教訓，學到智慧，這才是一種正向的力量，幫助我們從挫敗中走出來，也讓我們的行為更趨於完善。

能勇於面對過去所犯的錯誤，也是一種解脫，我們坦然面對，也改正了那些缺點，那麼我們將無所畏懼。未來的日子裡，我們不再犯上同樣的錯誤，便能更具有自信面對未來的挑戰。

當我們突破內心的癥結時，才能更有智慧去面對難題，再也無所畏懼，未來才會海闊天空，並且有足夠的勇氣去面對任何挑戰。

驀然回首，你將發現自己已經不再是過去的你，而是一個全新的自己，擁有一個嶄新的人生了。

本書正是分享給各位，如何看待往事，檢討曾經失敗的自己，找出讓自己愈挫愈勇並且蛻變成更睿智的人。只有不再對自己失望，你的未來才會充滿光明。過去的種種可以讓我們學習成長與茁壯，並不是虛度時光，而是每一個人生命中最寶貴的經驗。

目次

第二章……51 凡事總有它的緣分

第一章

一路走來，感謝不完美的自己

001

你留下了什麼

無論好事壞事，我們替自己留下了什麼，才是重點。

悲觀的人，即使回憶美好的往事依舊喟嘆傷感，為自己失去了璀璨的歲月而感傷；樂觀的人，即使有灰暗的過往，依然能成為一種激勵，讓現在的自己活得更有自信。從不同角度看待事情，所得到的結果也大不相同。

關於那些流失的歲月，你給自己做了哪些交代？又從中得到什麼？對於自己的未來又有什麼關鍵性的影響？

沒有人是十全十美的，我們都會經歷各種人生的波折，也正因為這些不完美、波折，讓生命更趨於完整。所以，請謹記，即使再不如意的過去，也一定會給你留下些什麼，或許是教訓、也許是領悟，這是為了提醒我們，還有許多進步的空間，生命中還有更多重要的事值得我們去關注。

我認識這麼一個朋友，第一次見面就被他充滿活力的個性所吸引，他總是笑點很低，一點點芝麻綠豆的小事都能讓他開心好久。

當我抱怨自己太胖時，他的反應不是假裝稱讚，而是真實回答：「你想改變就可以改變。」

然後他就會將自己如何克服肥胖的方式，提供給我當作參考。這麼做反倒比一些安慰的話語來得受用。每次跟他相處，總讓我感到非常開心。因此，我還以為他天生就是個樂觀開朗的人。

直到遇見認識他的人告訴我，他其實也有過一段非常低潮的日子，但是他隱瞞了自己所不願提起的過往，甚至做了些善意的謊言。

我當然能諒解他為何不願意提起，常常三言兩語就輕輕帶過。因為他不希望把別人拉到那樣哀傷的氣氛中，因為他已經走出來了，並不需要那些憐憫。現在的他活得很自在，因為受過苦，更懂得幫助別人，並且能藉由幫助人而得到快樂。我想：任誰都會希望有他這麼一位好朋友。

當你看到那些總是充滿活力的人，便能很容易被那股積極樂觀的態度所影響，也讓人想變得跟對方一樣。如果你因此就認為對方總是過得稱心如意，就像你現在所見的那般充滿歡笑，那倒未必。

只是有些人對於坎坷的過往，知道如何調適心情，用正面的態度去面對。他不願陷在過去，相信明天可以更好，也表現出積極樂觀的態度。

有些離開戰場的士兵，後來在音樂方面很有成就，因為他們對和平的渴望比任何人都來得強烈。走過貧窮的人，能對人更有一份耐心與愛心。那些都是生活上的歷練所帶來的深刻體認。

不管任何原因，讓你經歷一些低潮，但這些歷練都是讓你變得更茁壯的養分，因為你將被訓練得更有韌性，不畏任何的挑戰。

過去的生命為你留駐什麼才是重點，無論歡喜或憂傷都有其正面的意義。因為有缺憾才能更懂得欣賞人生中的美好。

002

有些話聽聽就好

過往的經驗對我們最大的助益來自於「判別」。

不管是好的經驗、壞的經驗，讓我們知道如何過濾，避開壞的影響，追求更好的結果。

即使是那些發生在自己身上的挫敗，也不全然是件壞事，因為你將更懂得處理與調適，也會使你更有智慧去面對一些即將發生的惡事。

我們看田裡的稻穗，都知道越成熟飽滿的稻穗，稻稈越是彎得更低，我們的歲月正如這大自然的規律。年輕的時候，我們總是帶著豐沛的情感、缺乏理智地往前衝，好像天不怕、地不怕的樣子。直到生命給了我們著實的教訓，我們才開始懂得隱藏，明白凡事先退一步思考，才不會撞得滿頭包，慢慢懂得沉穩內斂了。

如果不是歷經那些慘烈的教訓，很難讓我們快速成長，你不需要埋怨，甚至還得感謝曾經有過那些挫敗的經驗，才讓你懂得更多，才會知道什麼是真什麼是假，不再人云亦云，忘卻自己的立場。

這世界並不是想像中的那麼美好，社會上總是摻雜著好人與壞人，尤其是那些處心積慮想破壞別人幸福的惡棍，他們的言詞特別甜美，態度也相當積極，擅長把人吹捧成什麼不得了的大人物，可事實上，這只是為了控制你，讓你掉入他所設下的圈套而已。

對我們有益的人事物，是要靠自己努力才能掙得的。真正的良友卻不是這麼容易靠近的，他們會再三觀察對方是否是與自己是同類型的人。

把所有事情想得太簡單，是我們犯的第一個錯誤，總喜歡挑容易的、喜歡挑簡單的、喜歡表面上對自己好的，誰說這些不是導致我們挫敗，給自己帶來不愉快回憶的原因呢？

總是得在大野狼現出原形之後，我們才後悔莫及。如果我們能從失敗中記取教訓，你就會發現：

一、有些話聽聽就好。

二、有些人看看就過去。

三、珍惜那些我們當珍惜的。

四、認真對待善待我們的人。

對於那些急於得到我們認可的事物，我們反而要提高警覺，對於那些帶刺的言行，不要急於反駁。因為你跟一個不對盤的人沒什麼好爭論的，那只是浪費時間而已。

你已經能分辨利與弊，那是社會經驗教會你的，對那些負面的言語左耳進右耳出就好，你不該因此受到擺佈，因為你已經懂得是非對錯了。

暗黑中，望見
最美麗小事的練習

有些話聽聽就過去，在意的話就是跟自己過不去。

003

誰不是一邊受傷，一邊學會成長

勇於面對過去，也是一種對自己的誠實。因為你能面對那些不完美的過去，知道現在的自己可以做得更好，讓自己變得更優秀！

願意承擔失敗的後果，就是一種對生命的負責。不是像鴕鳥一樣把頭埋在沙堆裡，假裝自己沒看到，當作一切都沒發生過。因為若是這樣的心態反倒會使得過去的夢魘如影隨形跟著你，就像背負了十字架，有種看不到希望的感覺。

曾經有位女子歷經新的情感，卻在將要和對方邁入人生另一階段時，開始猶豫了，她擔心對方知道她曾經離婚的過往，即使前夫曾經是個頭痛的人物，問題不在於自己身上，但她卻很難忘卻那段痛苦的婚姻生活，甚至令她對婚姻產生畏懼。

明明知道幸福即將唾手可得，但她卻在門外躊躇不前。任憑男友已經求婚好幾次，甚至最後下達通牒，因為對方開始懷疑她的感情，是否如他想像般真誠。

那個女子的心裡是矛盾的，她當然很想與對方共度餘生，但又怕一旦對方知道她所隱瞞的過往，會立刻拂袖而去。那她不就失去一切了？

在經過和這個女子討論過後，她決定了。當她考慮要坦白告訴對方時，心裡也知道自己的兩種結果了：要嘛一切順利進行，要嘛她可能失去所愛。但最後她選擇了坦白，不讓那些往事繼續糾纏自己，成為她追求幸福的殺手。

結果當然是令人欣喜的。她的未婚夫十分體諒，也全然接受她的「歷史」。她終於找到幸福，擁有一個真正愛她的好男人。

這算是一個最好的結果了。但如果不是呢？這位朋友是不是「全盤皆輸」了？

其實不妨回頭去想：如果一個能看到你的好，也能包容你缺點的對象，這才是真愛。坦白不只是對自己過去的一種承擔，也是給對方最好的測試。相信同樣的事情你不會希望重蹈覆轍吧？與其事後收拾殘局，還不如及早面對。

一個能夠接納你過去的不完美，才能更懂得珍惜現在的你。因為你已經變得不同了。因為曾經跌倒過，你會知道那種痛，而不再犯同樣的錯誤。

在過去所犯下的錯，總是有機會彌補的，除非你自己不肯去證明。沒有不可逆轉的事情，只要勇於面對，克服內心的障礙，另一片天空永遠等著你的。

暗黑中，望見
最美麗小事的練習

過去的你並不代表現在的你，勇於面對過去，才能有全新的格局。

004

人不輕狂枉少年

有人選擇平平淡淡的人生，依照一般世俗的標準來規劃自己的生活，但也有人選擇不同的道路，想經歷豐富的人生，但最後往往結局各有不同，你能評論誰才是虛度光陰嗎？

記得小時候，師長總是都教導我們，應該努力用功讀好的學校，才不會浪費光陰，畢業後找一份不錯的職業，然後結婚、生子，最後子孫滿堂，似乎到這裡就覺得過了「圓滿」的一生。

但現實是這麼簡單的嗎？時代越來越進步，社會的結構益加複雜，可能走著走著、我們便走岔到另一條路，跟原本師長的期許大相徑庭。

有些人不一定書讀得好，提早就踏入了社會，或是走向各行各業，於是人生的經歷也就有所不同了。就算你在父母的期待下，平穩度過了前半生，也難保人生下半場不會突然出現意外，打斷了所有的規畫。

現在社會不同了，那些看似「完整」的人生歷程不一定適合每個人。背負著師長父母的期望下，我們未必真能走出屬於自己的人生。

身為一個異鄉遊子的我，在外晃盪了一圈，回到家鄉之後，赫然發現：很多事情並非當初所想的那樣。

一些沒怎麼努力學業的人，留在老家反而擁有更多的人際關係，他的生活更加平穩，經濟也算寬裕。而自己卻成了「外人」，回到家鄉，始終跟這一群人格格不入。但自己真的過得很糟嗎？其實也未必。至少我覺得我的生活經驗一定比他們精彩，眼界也比他們寬廣，但論及現實生活，以社會眼光而論，卻是比他們差了一大截。這就是不同。

其實回顧過往，只要我們有過揮霍青春的狂熱，有過那種體驗就足夠了，那正說明「一板一眼」的生活實在不適合自己。我們可以談論起自己精彩的故事，或許還有很多人羨慕呢！

所謂的「荒廢歲月」就要看怎樣去定義了。最糟的決定有時會導致好的結果，得失之間會達到一種平衡，就看你用什麼角度去思考了。

就像是每一段歲月、每個你遇上的人事物都會塑造出你獨特的個性，讓你變得很特別，就算你的人生歷程跟別人不一樣，但那些都是無可取代的。過程中或許有憂傷、也有失望，但那些都將會成為你值得回憶的一部分。

人生就像一段又一段的旅程，你可以選擇搭高鐵快速到達目的地，也可以利用其他交通工具不斷換車。生命中有時沿路的風光比目的地更為珍貴，那是利用快速直達所經歷不到的。

因為年少，我們容易被原諒，因為青春無懼，有些事情必須趁年輕趕快去做，有些夢想在年輕時放手行動，即便受了傷、遭逢挫折，但至少沒有白活一場。不管是苦是甘，至少你可以告訴自己：這是值得了！

因此，偶而你花費了時間、耽擱了一些歲月，但獲得的卻是滿滿的回憶，那又怎麼算是「浪費光陰」呢？我們將記得，那時是如何活在當下，做出現在根本不可能去做的「傻事」，也曾經那麼有勇氣活出自己。

不要為逝去的光陰覺得可惜，重要的是你是否活在當下。

005

別讓報復毀了你

這世界有不少好人，但也充斥著一些惡棍，試著在黑暗中突襲我們，在我們最脆弱時幻化成魔鬼，引誘我們掉入陷阱。你若是一時糊塗，難以辨別真偽，就會度過一段紛擾的歲月，這些將成為你記憶中的創傷。

我們都難免會遇上這麼一段傷痛的過往，只是程度的輕重而已。相信誰都不願意那些挫敗曾出現在我們的生命中，但很難避免，大部分人都走過這一遭。直到我們認清真相，往往為時已晚，你已深陷其中。

但是你會選擇回頭痛擊，還是默默離開？你以為如果就此退縮，就是顯得自己脆弱嗎？於是有些人會抱持著「復仇」的心理，覺得非給對方好看不可！一直拿過去那段歲月折磨自己。

美雲因為跟主管不合而離職了。這原本在職場上是很稀鬆平常的事，但是美雲走得十分不甘心。因為她覺得自己是遭受主管的陷害，導致老闆對她有錯誤的判斷，才將她開除的。

這口氣她怎能嚥得下。於是她開始用盡一切力量，只要一有機會便攻擊這位主管，從週遭的合作對象跟廠商下手，她用盡心力展開復仇計畫。

最後她成功了沒有？

當那位主管離職之後，美雲得意洋洋的跟所有人炫耀著：她終於成功了！她「成功」的讓所有人都認清那位主管的真面目，徹底扳回顏面。當美雲覺得自己是個勝利者、一個擊垮仇敵的強者時，卻忘了其實她根本一無所獲。

原先的老闆並沒有再請她復職，甚至美雲因為始終懷抱著怨恨，沉浸在復仇的心態之中，讓她失去了一段可貴的感情，而朋友們也漸漸遠離她，因為沒有人受得了她的偏激想法。大家都覺得美雲已經不再是當年那個可愛、體貼的人。她始終活在仇恨當中，改變了她的心態、舉止，旁人怎麼可能會對她有好印象呢？雖然她如償所願報復了前主管，但是內心突然感到無比失落。因為當她花了那麼長的時間沉溺在不愉快的過往，卻損失了許多可以去追求幸福快樂的時間。她贏了嗎？恐怕這個答案只有她心裡最清楚。

沒錯！每個人都應該有一個目標，但那個目標應該是讓自己過得更好、更有價值。如果把目標設定在復仇方面，那只是情緒上的發洩，真正的你卻是被綁在過去，讓自己深陷在痛苦的牢籠而不自知。

對於發生在自己身上的欺凌、不公平，當然我們有權反抗。但當時的憤慨不滿，隨著時間的過去，應該是轉為更正面的能量，尋求更適合我們的方向。

「讓自己過得更好」也是一種復仇的方式，至少讓自己不再受到牽絆，去開展一個更廣闊的天地。會讓你不快樂的環境與人事，表示他們並不適合你，你又何必在離開之後，還拚命想證明些什麼呢？

真相總有水落石出的一天，即使你不做些什麼，自然會有因果循環。心存惡念的人終究會碰到大釘子，得到該有的教訓。而你需要的是學著更機警聰穎，預防類似的問題一再發生，而不是一直跟過去窮攪和。那對你實際上一點幫助都沒有，只會讓過去的痛苦不斷延伸，毀了你的未來。

不管我們做出什麼樣防禦的動作，永遠要記得哪些才是對你有益的，千萬別為了一時的情緒宣洩，而讓自己失去更多追求幸福的機會。

006

所謂命運，大多是我們自己的選擇

人的天性往往在遇到失敗時，會先給自己洗腦——覺得自己怎麼這麼倒楣，為什麼別人不會遇到，我卻偏偏碰上了，而將一切都怪罪於命運，那是一種不負責任的說法，因為你不會永遠都很倒楣，應該也有幸運找上門來的時候，但問題是：你看到機會了嗎？還是總覺得那是不可能發生的，就此跟可能改變一生的機運擦身而過。

所謂命運，大多是我們自己的選擇，認為生活只能如此、必然如此。認為自己太倒楣，是出於一種懶惰、逃避的念頭。如果成功只歸咎於幸運與厄運兩種結果，那所有問題不就太簡單了。大概每天只要求神拜佛，什麼都不用做了。西方哲學家約翰海曾說：「真正的幸運者不是拿到賭桌上最好的牌，而是知道什麼時候該起身離座的那一位。」

只有那些能約束自己行為的人，才能留住幸運。知道自己什麼該為、什麼不該為，適時的選擇對自己最好的決定，才是一個人最後成功的原因。

好結果或是壞結果，經常都來自於我們的作為，一個錯誤的決定導致壞的結局，不能把所有問題都推到運氣上頭。

否則即便是那天走運了，好運也不會一輩子跟著。更何況運氣這種東西飄忽不定，你永遠不知道天晴時會不會忽然來一陣傾盆大雨，把你淋成落湯雞，只有那些懂得做好準備的人，才可以全身而退，他們不會因為運氣好壞而改變行為，凡事能以一種冷靜的心態來面對。

許多事情最後還是得靠自己，唯有掌握自己的命運，才能改變未來。運氣是一時的，但生活卻是長遠的，單憑短時間的運氣好壞來決定一生，就太過籠統不智了。

試著回想自己是不是遇到低潮時，往往是因為自己走錯了路，才導致於困難重重，包括我們日常生活也是一連串的「卡卡不順」，好像全世界都跟自己作對似的。

其實並不是好運沒有站在你這邊，而是給你一個警訊，提醒你修正方向，直到走上對的路為止，那些「警訊」才有可能消除，你才有順境的一天。

換個角度去想，那些「厄運」遠離你，是不是因為你的努力改變了磁場，或許我們用不著太貪心，當你羨慕著那些中頭彩的人，是不是自己也該出門買張彩　才有機會。

拿破崙說：「沒有機會是弱者的藉口。」那些口口聲聲抱怨著「別人運氣都比我好」的人，其實並沒有看到別人也有低潮的時候，但是他們懂得抓住機會，給自己帶來更多幸運。

同樣地，我們也可以說如果我們覺得自己倒楣的時候，不妨回頭看看，是不是曾經做了一些錯事。從根源解決起，才能越走越順利。

暗黑中，望見
最美麗小事的練習

運氣只是一時的，唯有努力才是長遠之計。

007

不要一錯再錯

很多時候我們經常會埋怨：「早知道當初就如何如何了。」千金難買早知道，那真是只有「天知道」！就算換一個場景、不同的時空下，你也可能很難避免悲劇的重複發生。

有一種錯誤是因為我們太天真、太容易相信別人；另一種錯，則錯在我們「聰明反被聰明誤」，怪自己太過自信，以為所有事情都在自己掌控當中，聽不進別人的勸告，一意孤行的結果之下導致悲劇發生。

你可能忘了在掉入陷阱之前，你是多麼沉浸在那些謊言當中，覺得看到了美好的世界，深信對方會為你準備好這一切。這一切的開始不會是毫無理由的，當你不斷怪罪他人時，難道自己一點錯都沒有嗎？

就算你的出發點是良善的，你也不能阻止別人如何作為。這時的你該學會的是如何保護自己不再受傷害。你更該懂得善良要用在對的地方，而不是成為有心者利用的工具。

你的軟弱不是藉口，這正是開始茁壯自己的起點，你必須先了解自己的脆弱，不讓它成為別人攻擊你的把柄，這才是你該從錯誤中學到的經驗。如果無法正視自己的弱點，這樣的問題會一再發生，成為你的軟肋。

好吧！你可能說：「這一切都是因為愛呀！」的確，愛是最容易誘惑人的糖衣。即使是再聰明絕頂的人，也會在愛裡淪為白癡等級。愛情是沒什麼道理的，你當然可以這麼認定，然後一直用這個藉口來傷害自己。

就像我曾經一位朋友告訴我：「她的父親在過世前最擔心她的一點，就是被男人騙光財產。」

我朋友總覺得是她父親憂慮過多，她沒有像她父親所想的那樣愚蠢。但是事實呢？類似的事情還是一樣發生。她在愛情裡數不清跌倒多少次了，總是「賠了夫人又折兵」。一個人如果連自己最親近的人都看出你的毛病並且一再提醒你了，而你還是不斷犯同樣的錯又替自己一再找藉口，說實在的這根本就是自欺欺人罷了。

我們只有真實面對自己的弱點，加以改善，如果不是因為那些挫敗，你可能永遠不會知道哪些是你的弱點，這也可以預防自己一錯再錯。

過去的經驗是很好的例子，我們都需要在錯誤中學習，才能跳脫悲劇的發生。適時的止血也是你唯一可以挽救的方法。既然好不容易脫身了，又何必再陷入那樣的悲情裡。無論是沉溺在其中或是走回頭路，都是替自己找麻煩。

你能覺醒代表事情還不算太糟。

008

往事只能回味

相信很多人都有過這種經驗：無論是一段時間沒見的老朋友或是同學聚會，剛開始興致沖沖抱著懷舊的心情來參加，卻會發現回憶只占少部分，大多時候是那些格格不入的拘束感。

當那些過往回憶聊完之後，你們往往很難再有話題聊下去。經過了這麼長一段時間沒有見面，彼此的想法、生活已經有很大的落差了。

原來相聚只是一個藉口，讓各有目的性的人聚在一塊，而某些人會逐漸被邊緣化。因為本來就不是同一個生活圈的人，卻想藉由共同的過去再勉強扯在一塊，那真的是痴人說夢！只能說：年紀越大，人變得越功利現實，你不用強迫自己去迎合別人，別人有別人的算計，自己有自己的考量，雖不至於要變得現實，但真實感受卻是不能忽視的。

為什麼你們會失聯許久，是不是曾經有些糾紛，讓你們的友誼難以持續，還是大家都各忙各的沒時間聯絡感情了？其實若是感情深厚的話，再怎麼樣也會聯絡彼此的，不會讓彼此有感情生疏的機會。若是有這麼長久的一段時間毫無瓜葛，那代表你們已經各自有了不同的人生方向了。別忽略環境對人的影響，當彼此各自活在不同的世界，自然想法與作為也會跟昔日大不相同。

我的歐洲朋友們很少聽見他們有什麼同學會的經驗，除非是一路相伴走來的老友兼老同學。其他就是真的出了社會後，有過共同經歷的友人。因為那時已經夠成熟了，是我們去選擇朋友，而不是環境（或校園）把你們綁在一起。因此當這樣的老友相聚，自然會有更多的話題，那些回憶反倒提醒了我們失落了些什麼。

關於「失散」和「生活的差異」定義上是不同的。有些真正的好友，因為某些狀況讓你們失去聯絡，但因緣際會下又讓你們重逢，這是一種慶幸！你會更珍惜彼此情誼。另一種就是藉由某種名義硬湊在一起，讓你遇到八百年不見的「舊人」，那就可能是一場「災難」了！

曾經在網路的文章看到這麼一段話：「人在旅途，不可能背著厚厚的行囊趕路，撿拾的東西越多腳步越緩慢，所以總會有一些東西被扔在路上，也總有一些人會被遺忘。過去的人和事曾經帶給我們快樂，曾經裝點過我們的生活，我想，也就足夠了！」

有些人不管你過去跟他有過多美好的時光，但人會變、環境會變，對方可能已經不是你當初印象中的樣子。因此不要對現在的「故人」感到失望，生活本來就是往前進。曾經有過生命中的火花就夠了！就讓回憶只是個回憶，重要的是往前看，未來誰能真正與你相伴，才是最實際的，不是嗎？

過去已經成為回憶，更值得期待的是未來。

009

走過生命中的低潮

當一切毫無希望時，我看著砌石工人在石頭上敲擊了上百次，卻不見任何裂痕出現。直到第一百零一次時，石頭被劈成兩半。我體會到，並非那一擊，而是前面的敲打使它崩裂。——賈柯・瑞斯

每一段生命的過程都有其意義，如果我們真的仔細分析的話，就不是陷在過去不好的回憶中，而是珍惜每一段過程，因為那些都是造就了現在的你與昔日有所不同。

淑華很早就自立門戶開了一間公司，同儕都羨慕著她的成就。沒想到幾年後，淑華的公司默默收攤了。這個失敗的經驗帶給她很大的打擊，不只事業沒了，還離了婚、背上一屁股債。

淑華就此被擊敗了嗎？當然沒有。她知道自己必須振作，於是聯絡了當時合作廠商，很幸運的讓她找到一份工作。這次她再也沒有一步登天的想法，而是努力替老闆創造業績，把公司當成自己的事業努力經營。由於之前累積了獨當一面的經驗跟失敗的教訓，淑華很快就得心應手，讓老闆公司的營收蒸蒸日上，而她也得到該有的利潤慢慢還清了欠債。

之後淑華離開了那家公司，重新開始建立自己的事業，這次她採取穩紮穩打的方式，一步步讓自己的公司步上軌道，現在已經是擁有幾十名員工的企業了。

俗語說：「不經一事、不長一智。」讓我們挫敗的並不是不夠聰明，而是太過於想一步登天。在我們還沒準備好，基礎尚未穩固之前，所有建造起來的成果就像危樓一樣岌岌可危。外人看起來風光，而你卻在裡面吃盡苦頭，但那些失敗不會是完全沒有意義的。

不管是感情或事業，我們總是有最在乎的一項。有人會因為感情而覺得人生失去意義，但回過頭來想，失去了或許有更好的人在後頭等著你，又何必苦苦執著於對方。一旦分手了那必定代表對方有不適合你的地方，或者你做錯了什麼，這是讓你修正自己挑人的眼光的時候。只要你改變了，誰說不會吸引到真正適合的人前來呢？

有人失去了一段感情，全心全意將心力轉移到工作上，也開創了另一番成就。每個生命都有其出口，只要我們不因此而停滯，總會摸索出一個正確的方向。而你過去的經驗正是最好的墊腳石，幫你更謹慎踏出每一步，更有智慧去面對未來。

因此別為過去而感傷，而是抱著感恩的心，感謝自己曾走過的每一段路，加強了你未來成功的可能性。

情緒性的感傷無濟於事，那要如何控制自己的情緒呢？絕招就是四個字：關注當下。更甚者是，把那段低潮的經驗轉化為成功的基石。

010

你在那一條路上？

人生本是一條崎嶇不平的道路，在順境中也可能不小心滑了一跤，在逆境中也可能得到新的啟發，重新開啟不一樣的人生。不管順境逆境，都隱藏著不同的機會，重點是我們看到了沒有？

上坡反而是一條最容易的道路。每個人在達到成功的頂點前所做的一切，每個抉擇都會是決定性關鍵，因為我們心裡清楚唯有選擇對的方向，才能促使自己更容易接近成功。但是那些好不容易得來的一點一滴，很容易在過程中慢慢變質。

著名的石油大王洛克菲勒在三十三歲賺到了第一個一百萬美元。四十三歲時，他建立了世界上前所未有的企業「標準石油公司」。但他在五十三歲時又怎麼樣呢？煩惱把他搞慘了，煩惱和高度緊張的生活已經破壞了他的健康，朋友說他「看起來簡直像個木乃伊」。他的頭髮全部掉光，甚至連眼睫毛也一樣，只剩下淡淡的一撮眉毛。根據醫生的說法，他的病是脫毛症，這種病通常是過度緊張引起的。他的頭部光禿禿的，模樣很古怪，使他不得不戴上帽子。後來，他訂製了一些假髮，從此一直戴著這些假髮。

做不完的工作、無窮的煩惱、長期不良的生活習慣、經常失眠，以及缺乏運動和休息，奪去他的健康。即使當時是世界上最富有的人，卻只能吃些連窮光蛋都不屑一顧的食物。當時他每周的收入是一百萬美元，而他所吃的食物是每周兩塊錢就可解決了。金錢在這時候派不上用場，煩惱、驚嚇、高度緊張的生活，把他推到墳墓的邊緣。

我們賺得的是一個希望而不是絕望。如果一個人只顧著賺錢不知生活上的平衡，即使像這麼一個從農莊刻苦生活出身的人物，也會被生活擊垮。

要是我們不知道「生活」究竟是怎麼回事，很可能像陀螺一樣不斷耗損自己的生命，而失去了當初追求成功的目的。

成功應該是伴隨著整個生活水準的提升，你所賺取的名利可以讓你過更幸福的日子，甚至完成過去一直沒機會完成的夢想，而不是讓生活推向另一個死胡同裡，那麼所謂的「順境」也可能轉為逆境。

換一個角度來說，如果你覺得目前正處於人生的困境中，生活像是停滯不前，那正好是給你一個檢視自己的機會，讓你重新建立新的人生。

如果我們不懂得打開心胸、看見世界那些美好的事物，無論順境、逆境我們依然不會覺得滿足，生活依然陷入黑暗當中。

問問自己：快樂是什麼？哪些是真正能讓你感興趣的事物，你可以主動出擊而且屢試不爽的，那些才是你所有努力最後的依歸。

暗黑中，望見
最美麗小事的練習

記取教訓是讓我們堅持的唯一途徑，不因順境而鬆懈，也不因失敗而喪志。過去的經驗是為了幫助你走上更正確的道路。

011

不執著於過去的人，就再也不怕失敗！

法國軍事家、政治家與法學家拿破崙曾說過：「輝煌的人生，不在於長久不敗，而是在於不怕失敗。」

所有的成功都是歷經不斷的挫折，累積更多的經驗跟智慧，最後才能見到那一線曙光。失敗正好是給我們一個機會，問題是你看到那個機會沒有？還是就此消沉，這就是成功者與失敗者的不同。

最近才聽說一個轉行的朋友，成功的事蹟。他原本是我們同事裡十分出色的員工，但似乎運氣不怎麼好，他總是不斷轉換公司，雖然行業沒有變。每到一個職場，他出色的表現往往成為同事眼紅的目標，偏偏他又是那種不擅職場勾心鬥角的人物，因此經常被小人陷害，黯然離開職位。

有人問他：「你為什麼不改變一下個性，或許裝笨一點，不要這麼鋒芒銳利。」

但是他卻有自己堅持的底線。「我不會因為這些打擊而改變我的優勢，我也不需要偽裝自己。」於是，終於在一間公司的老闆賞識下，他爬到最高的職位。

不過好運並沒有一直跟隨著他，沒多久公司因為轉型，他也被迫離開最愛的職場。這時他已經擁有充足的準備，他知道這行業已經沒落，於是「改搭另一班車」。

這次讓他抓對了時機，他的收入一下子三級跳，幾乎是過去的十倍以上。現在換成了他以往的同事都羨慕他了，比起其他人還在職場中浮浮沉沉，他已經找對了方向擁有自己的一片天。

那些過去的挫敗，正因為他不服輸的精神，總是嘗試再嘗試，而讓他可以成功的也是比一般人更寬闊，才能抓對時機改變自己的命運。他不會因為一次重大的挫敗，而喪失意志，反而更激起他的鬥志。

面對生命中的起伏，正是考驗著我們意志力的時候，唯有那些積極者才能看到更多的可能性。而不是把一次的失敗當成全軍覆沒，反而更加激起自己的鬥志，非要跳脫難關不可。

就算前方看起來已經無路可走，但「山不轉路轉」，總是會讓我們找到一個最佳的途徑，讓你抵達目的地。堅忍不拔持續前進的精神就是支持你前進的力量，眼前的失敗不代表真的失敗，反而是另一個轉機。

在哪裡跌倒就在哪裡爬起來，如果我們站起來了，表示又證明了一次：你是一個不輕易被挫折擊倒的人，因此有更多可能的機會必定會在前方等待著你。

成功是屬於那些有毅力的人。

第二章

凡事總有它的緣分

001

埋下種子，生命卻給我一座花園

你無法否認：我們走過的路、做過的每一項決定，對未來都會具有某些程度的影響。埋下的善因、結出了善果，反之呢？是不是我們的未來都一定會被過去所綑綁，被結出的惡果摧毀了一切？

我曾經很厭惡高中所就讀的那所學校，名聲聽起來還不錯，但對我而言卻是像監獄一樣，不斷跟體制衝突下的我，在那裡揮霍了我的青春。然而經過時間的淬鍊，我再回頭看，發現我的觀念已經逐漸轉變了。

當時我認為那是一所規範嚴格的校園，因此讓我們無法跟其他同年齡的青少年一樣，可以恣意揮灑青春。但某方面我卻開始覺得感恩，要不是有這麼一個環境，對於一些叛逆性強，又還在不懂事階段的青少年來說，這裡其實是一個最佳的保護傘。

當時的我認為的痛苦，日後看來，卻是一種很好的約束。因為在那樣的體制之下，可以引導我走向正軌，才不至於太懵懂放肆，導致自己偏離正常的人生。

當我們一心想要自由，卻沒有足夠的智慧去判別那個方向是否正確時，一些違逆自己心意的限制，在某些程度來說反而是對我們有益的。因為出發點是善意的規定，即使短暫換來痛苦，卻會在未來的生命具有很大的意義。

因此回顧起那些無法改變的過去，或許從某方面看來，覺得失去了什麼，但其實卻得到了更多。這完全是不同時期，看待事情的角度不同呀。

當然，如果你開始擁有了決定權以後，難道一切就真能如你想像的進行？還是若干年後，你會對你的所作所為感到扼腕呢？

其實過去種種，有時並不代表那時候的功與過，有時是在許多年後才慢慢浮現出來。那時候的苦也許會成為將來的甘甜，問題是你看清楚了沒有？還是只是執著的認為自己想的才是對的。凡不按照自己的心意走的，那些都是痛苦？

其實很多事情是無法勉強的。包括那些不堪回首的記憶，都有可能是替你未來佈局，你可能不知不覺中受到影響，改變了你的觀念跟人生。

即使再不愉快的過往，如果我們能用更正面的態度去面對，也許能在幽暗中開出美麗的花朵。因為那些不如意讓你更懂得如何面對低潮，讓你更有經驗去判斷：將來什麼才是對你好的。那些挫敗反而成為我們前進的動力，最後的結果依然是好的。

有些人是我們埋下善的種子，那些曾有的歡聚，即使離別後依然成為心中暖暖的回憶。若有緣再聚，又是一場令人難忘的經驗，這是無法取代的。

當你遇到的人不再是印象中的模樣，也無須感傷，因為那正提醒了你，你已經往前走得更遠了，不必再沉溺於過往。人生無法重來，但我們可以從現在開始就種下好的因，期待「收成」善果日子的到來。

令你痛苦的過往不一定是壞事，有時反而是替你的未來鋪路。

002

過去的自己造就出現在的你

如果想知道一個人的過去是怎樣，有時不需要去打聽，光看現在的樣子大概就可以猜出七八分。有些人越活越年輕自在；有些人卻總是愁容滿面，甚至比實際年齡還老成。這中間訴說了什麼？無非就是過往的反射鏡。

就算你再勤加保養，用外在去妝點自己，但總是會在不知不覺中露出馬腳，透露出你的「曾經」。

有些人會越活越倒退，失去了原本的歡笑，有些人則變得更複雜難懂。你想完全跟過去切割，那是絕對不可能的。

曾經遇到一位家鄉的舊友，開著名車、全身上下都是昂貴的打扮，但從接觸的第一眼就可以看出對方的自卑和畏縮，因為那是無論怎麼裝扮都騙不了人的。

因為一個充滿自信而幸福的人，實在不需要運用一堆物質的東西來炫耀，藉此昭告天下他過得有多棒！反倒是樸實低調的人，才是最幸福的，沒有太多那些難以啟齒的「包袱」。於是乎，果然過了一陣子之後，對方的真面目漸漸展現，也讓人明白了跟自己想像的沒什麼差異。

大部分人可以被你一時的偽裝而遮蓋事實，但是真正的明白人早已一眼看穿，在彼此沒有共同走過的路上，曾經歷了多少不足為外人道的艱辛。

沒有人能逃得了過去，就算你躲到天涯海角，就算世界發明了一種「忘憂丸」的藥方，「過往」仍然會在你身上留下痕跡，因為都是那些元素才能塑造出現在的你。你的想法、說話的方式、甚至是外貌，都會因為經歷而日益改變，只有自己渾然不覺。

你的改變不是一時的，而是經年累月孕育出來的結果。如果我們過得勞心勞力，神情上自然多了些滄桑，若是內心空虛的人，就會不斷矯飾，試圖讓別人以為自己過得還不錯。但那些行為舉止，早已跟過去那種無憂無慮的純真大相逕庭了。

唯有樂觀積極的人，他們並不企圖掩飾那些不如意的過去，而是讓那些經驗替自己帶來智慧，改變自己的人生。活在當下是他們奉行的圭臬，從那些人身上能看到光芒，那是對生命的熱忱，這才是一種真正能改變別人對你看法的最佳方式。如此才能真正走出陰霾，重新建立起自己的燦爛人生。

歲月會在我們臉上刻下皺紋，也能為我們帶來智慧。你保留了什麼、又增添了那些歲月痕跡呢？

別人能記得多少並不重要，重要的是你能留住什麼。當我們能以更積極的態度，去面對未來時，你就會記取過去的美好，而不是老是沉浸在後悔與哀傷，那麼所有的辛苦對你來說，都將會是值得的了。

暗黑中，望見
最美麗小事的練習

只有接受過去的自己，才能讓現在的你更加完美。

003

你應該慶幸

生命不會一下子讓你獲得你所想要的，必須拐彎抹角繞一大圈才有所得。但結果都是一樣的，只是時間遲早而已。

或許有些人會抱怨日子過得辛苦，回顧往事怵目驚心，為何看別人都平平順順，而自己卻困難重重。然而事實上，冥冥中自有安排，為什麼你會遇到那些「鳥事」，別人卻不會？覺得老天爺對你特別不公平。

其實這些都包含了太多因素，除了先天上的差異，還有後天的環境，每個人際遇不同，我們需要的是忍耐力加上勤奮，其實結果都不會太壞。

一般人為什麼總是難以得到滿足，那是因為我們經常去羨慕別人擁有的，卻忘了自己「口袋」裡的東西。

記得我一個小阿姨，她總是活在很悲觀的世界裡。她認為自己命不好，從小就被送養，但其實生母那邊並不窮困，家世也不錯，卻在一個因緣際會下，將她給了一位無法生育的好友領養。

養母那邊並沒有善待她，從小她必須做所有的家事，還被逼著出外去打工賺錢。事實上養母家是有錢的，因此小阿姨深深覺得自己被虐待了。

小阿姨一直埋怨自己的人生悲苦，直到養父母過世，留給她一大筆遺產；直到她的小孩也都長大成人，有不錯的發展了，她還是繼續抱怨著。

直到某天有個親戚被孩子拖累，欠了一屁股無法還清的債務拖垮全家之後，她對著這位小阿姨說：「妳還有資格抱怨嗎？妳的孩子們是我們家族中最有成就的，妳的養父母在妳婚後幾年就過世了，留下一大筆遺產，讓妳不用工作就能衣食無慮，其實妳是我們兄弟姊妹中最幸福的。妳知道嗎？」

這些話像當頭棒喝，在一陣錯愕之後，小阿姨臉上泛出笑意。從此，我果然再也沒聽到小阿姨抱怨了！

每個人都有不同的優勢跟缺陷，當然經歷也各自不同。如果我們一直自怨自哀，抱怨為什麼別人比較幸福，那你可能永遠也無法感受到真正的幸福滋味。我們看到別人的多半是表面，背後的真相又能窺知多少呢？如果我們凡事抱著樂觀積極的心態去看待，那麼發生在我們生命的每一件事，你會發現即使是最壞的情況都可能是上天最好的安排，讓你藉此機會成長茁壯，變得更有能力。

因此，光是羨慕別人並不能改變什麼，所有的怨氣只是情緒上的發洩，於事無補。只有改變自己的觀念，才有可能改變一切，讓現在的你變得更好。

時時抱持著一顆感恩的心，探索自己比別人更優勢之處何在，什麼是你過去所沒有，而現在擁有的。你將會發現自己是多麼豐盛，以前經歷過的痛苦都會是值得的，過去種種造就現在豐盛的自己，你會因此更懂得珍惜，而不再怨嘆與遺憾。

看自己所擁有的，而不是去羨慕那些你所沒有的。

004

別讓努力白費

如果你懂得怎樣去運用的話，我們所有的努力都不會是沒有價值的。

一個朋友從商業界轉換到文化業，她有些抱怨先前浪費了太多時間在不擅長的產業上，結果一無所獲。雖然現在她在所處的行業如魚得水，但不免還是有些感慨。

「要是我能早一點進入這個產業就好了！」

不過這些抱怨卻在她開始自立門戶以後，派上用場了。下回再見到她，她的反應已經大不相同了。

「真慶幸我之前在職場所學得的交易方式，讓我的事業很快的步上軌道。」

誰說過去你所遇到的事一無用處呢？即使我們入錯行，從事了我們不擅長的工作，但從另一個角度來看，不也是彌補我們的不足。更樂觀的說法是，你也是在還不夠認清自己之前，找尋正確的方向呀。如果不是遇到不對的事、不對的人，你怎麼會清楚真正適合你的是什麼呢？

其實在我們生活中不也常常會出現類似的狀況：可能是求學時選錯了科系、入錯了行、交錯了朋友、甚至嫁錯「狼」等等。沒有人一生都能順順利利，完全照你的規劃去進行。我們總是會在錯誤中才能有更深的體認。

誰不是一路尋覓著一條最適合自己的道路呢？但你可能忽略了：當你要得到真正想要的，必須得先付出一些代價，帶給你痛楚的就是那個「代價」，是為了幫助你實現夢想。

處於低潮時，你能做的就是活在當下、盡力而為，即使你必須付出加倍的努力才能看到一絲絲的展望，但最後你終究會有所得。

最浪費生命的，有時不在於那個錯誤，而是我們在怨嘆中虛度光陰——不只在當時、也在現在。那段令你低潮的時光，並沒有替你帶來任何效應，你只是垂頭喪氣的承受著命運的擺佈。

我們必須體認：只要你努力過，即使後來中斷，轉換到別的跑道，依然有它存在的價值，它可能帶給你另一種生活技能、一段別人所沒有過的體驗，補足你的缺陷，帶給你更多的人生智慧。

所以，誰說出現在生命的一段挫折，是完全無用的呢？重點是你真心的努力過，那麼就沒有什麼時光是你虛度的了。

有時潛移默化中的收穫，是當下看不到，卻在日後發揮大作用。

005

再見不是一個結束

人的緣份是很奇怪的事，有時候一段時間你會發現跟某些人處不來，但時光荏苒再度相會時，你卻有不同的看法。

我曾有段時間移居到國外，那算是一個非常小的村落，當時許多外國遊客前來，總會選上這裡住上一小段時光。也許他們各有各的理由，但唯一相同的是：我們都愛上這裡的陽光、這裡的環境。

村落的路上總是充滿著和善的人們向你打招呼，有當地人、也有住久了快被同化的「外國佬」。有的朋友在他們國家只是個木匠，卻夢想著在當地能成為一名藝術家，有些人只是喜歡這裡的隨意自在，有些人則是逃避在自己國家的寂寞，各有各的理由，這個風光明媚的環境下卻能滿足這些人的需求。

於是，我們懷著不同的夢想、或許根本沒有什麼夢想，只因為「我喜歡這裡」、「我享受這裡的時光」而住了下來。

我當然也不例外，在這個村落認識了來自不同國度的人們，那些比較著自己國家的海灘跟這裡的海灘、爭論著哪裡才是真正的天堂國度等等，我們漫無目的聊著最近發生的事、開著天馬行空的玩笑、隨著音樂的節奏光著腳丫子在沙灘上跳舞，彷彿快樂的時光永不消逝。但，天下沒有不散的宴席。最後我們同樣會面臨現實的挫折，在一連串不如意的事情發生之後，朋友紛紛飛回自己的國度，遠離那些令人失望的狀態。

漸漸的，朋友一個個消失了。原本以為這只是暫時性的，但一個月、幾個月過去了，他們依然沒有歸來的消息，直到一年、兩年之後，大家都回歸到「正常的生活」，遠離了異鄉漂泊的時光。

原本以為，從此大家再也不會相見了。誰又能料到，在許久許久之後，我們已經逐漸老去之時，一些機緣讓我們再度於異鄉重逢了。那是年輕的我們料想不到的。

回到「另一個故鄉」，我們有數不清的回憶、許多共同的話題，那些好像昨日才發生的時光，曾經緊緊牽繫著我們的心。

曾經認為不過是一段短暫的聚首，卻又重啟連結，彼此的關係又有更深一層的牽繫。我們十分慶幸當年的機緣，讓我們的再度緣起。

曾經失落、曾經因離別而傷心沮喪，然而別離或許不是一個結束，反倒是為了下一次相聚做好準備，我們只是暫時分離而已，各自為了更好的明天努力著，來日後會有期。

不要為了離別而憂傷，應該是更珍惜當下相處的時光。

006

贏回你所逝去的

當我們生活遭遇到巨大的變動時，往往會令我們意志消沉好一段時間，也許是跟親人生離死別，也許是不得不離開最愛的工作、最喜歡的環境。如果這是我們所造成的，你還能改變，但有時候是我們無法控制的，被動推向痛楚的深淵，那恐怕是很多人都難以接受。

我的朋友小白因母親驟逝而陷入的長期的低潮，生活過得一團混亂。最主要的是來自單親的她，母親是她唯一的家人，她早已習慣把母親當成唯一的依靠。

過去她幾乎很少跟朋友外出，只要有時間都是和母親相處在一起。很多人都羨慕小白跟她母親親暱的感情，卻沒想到突然失去這最大的精神支柱，讓她整個人崩潰。

每次見到小白都是唉聲嘆氣的，這種情況持續了好久。最後她不僅論及婚嫁的男友跑了，工作也沒了，現在的小白真的徹徹底底的變成「一無所有」了。

也許你認為「失敗」像是連環套一樣，當一個巨大的挫折發生可能之後不幸會接連發生。或許是我們放任不幸發生，用意識催眠自己，不時喟嘆著自己是個不幸的人，未來真的就會發生更多的不幸。

傷心是一種發洩，當你發洩完之後，隨之的態度應該是問自己該如何面對未來的人生。你真的失去摯愛就真的一無所有了嗎？

你還有什麼呢？雖然我們不像某些國家歷經戰亂，隨時活在失去親友的恐懼中，但意外總是會發生，我們必須學習怎樣面對生命的無常，你所能延續的是對生命的期許，想想自己該做些什麼。

真實狀況是——沒有人會一無所有，除非你主動放棄。

你可能因偶發事故讓你失去了某些重要的東西，生命像是缺了一大塊，但總能找到一些地方可以彌補。傷心是必然的，但難過之後你有沒有想過：未來你應該如何自處，怎麼去填補這樣的傷痛？而不是導致更多的悲劇。

既然逝者已去，不如放眼未來，你可以做的事還很多，很多夢想等著你去實現，因為你還有機會，創造一個嶄新的人生。

傷痛的往事總會為你帶來人生的體悟，也提醒著自己該做些改變了。只要你願意往前看，會發現你能做的還有很多，你擁有的一點都不少。每個人都有追求幸福的權利，你必須把失去的部分重新贏回來。

沒有人會真正一無所有，除非你主動放棄。

007

天底下沒有後悔的藥

沒有一個人的生活是完美的，我們老是怪東怪西，總有事情可以抱怨。

再漂亮的美人，老是擔心自己不夠瘦；明明已經是精緻的臉蛋，卻嫌眼睛不夠大、鼻子不夠挺或下巴不夠尖。別人對你的評價，往往高於你對自己的標準。因為那些完美主義的因子在你心裡作祟，你希望好還要更好，因此對於生活也會挑剔起來。你希望凡事盡如你意，但很抱歉，真的沒有每件事都能滿足每個人，即使是國王也不例外，更何況平凡如你我呢？

當落後國家的朋友羨慕著我們，有這麼多的物質享受，應有盡有的家電，漂亮堅固的住宅，卻忘了很多先進國家的人們花大把鈔票，飛到落後國家去享受自然原野的風光！何況身在文明國家裡，有一堆繳不完的帳單，這是你必須承受的。

事情都有好的一面、也有壞的一面，就看你從哪一個角度去看它。我們可以用幽默寬宏的角度去訴說過往的「慘事」，也可以梨花帶淚的博取同情，一切取決於你自己。

一個挫折可以被用放大鏡來檢視，你的埋怨也會跟著放大。這就是替自己找麻煩，讓自己活在一個狹隘的世界裡。你所有的負面情緒並不會因此消逝，反而讓未來變得更加黯淡，即使幸福來到眼前，也渾然不覺。

因為環境使然，我們不得不面臨各種狀況。生活中總有我們不滿意的那一塊，或許我們受了傷、跌了跤，但任何傷口都有自己修復的能力，除非你不斷去撕裂。對於無法挽回的過去，不需要抱著懊惱的心情，因為沒有意外是可以預測的。活在悔恨中，只會消耗你的志氣，讓未來跟著陪葬。還不如往前看，就從現在起，不再做出讓自己後悔的事，讓今天比昨天更進步，凡事不要庸人自擾。

試著去接受生命中的不完美，嘗試換個角度看待那些不如意的過往，你才能活得更輕鬆自在。

後悔並不能令你改變，只有讓今天過得更好，讓明天不再為今天懊惱。

008

快樂的泉源

培根說：「一個人不先了解悲哀，便不會了解喜悅。」這不是要你一定得歷經挫折，或自找麻煩，而是在挫敗的過程中，你將會更珍惜那些微小的幸福。

黑暗的夜晚，一道微弱的光線便會顯得格外亮眼，就是這個道理。

我有一位新認識的朋友小民，小民經常開懷大笑。一般人可能覺得一點有趣的話題，小民總是笑得很開心，讓人很喜歡跟他聊開心的事，即使怒氣沖沖也可以瞬間化為無形，這就是在他身上散發出來快樂的力量。

小民的朋友很多，他總是誠懇實在並且認真對待每個好友。我以為他天生就是這麼快樂的人，其實不然。在逐漸了解他的過去之後，你甚至會為發生在小民身上的不幸感到悲傷。他不是傻呼呼，而是因為經歷過重大挫敗，對於平凡中的喜悅特別懂得珍惜。

你可以選擇沉溺在悲傷，你也同樣擁有快樂的權利，沒有人可以從你身上拿走，問題是你如何選擇。繼續悲觀，雖然可以贏得一時的同情，但長期下來反倒會讓自己陷入孤立無援的地步。因為任誰都希望親近愉悅的笑臉，而不是悲哀沉重的氣氛。

換一種心境，你將得到全然不同的人生。因為痛過，會更珍惜身邊的幸福，希望用幸福去填滿失去的部分，尋找更多的歡笑去融化憂傷。

那些晦暗的日子已然過去，如果你願意敞開胸懷，會發現人生有許多美好的事物等待你去擷取，你也比別人更迫切需要那些歡笑。當你比別人對事物多了一份理解，看得更透徹，也會用更聰明的方法看待自己的人生。把那些過往當成一個墊腳石，而不是阻礙你追求幸福的障礙，你會發現自己更能體會什麼是真正想要的。

體會過痛苦的滋味，才會更懂得幸福的真諦。

009

必要的妥協

年少時，我們的個性充滿著銳角，像一顆未經雕琢的璞玉，然而生活上的磨鍊將我們不斷修飾，直到如寶石般散發璀璨的光輝。這時我們變圓融了，個性不再那麼尖銳，這些都是經過許多經驗學習而來的。

現今這社會普遍流行著「做自己」的口號，但真的要「做自己」很難，尤其在我們的教育跟環境，從來都不是以個人為出發，而是「順從」。

商人不能做自己，因為他們在面對不同客戶時，都是必須客客氣氣的，即使違反自己的意志，但為了生意，他們還是得配合。

身為員工不能做自己，因為你是靠老闆的薪水過活，不管多麼不合理的要求，你還是得乖乖照著做。

連老師都不一定能做自己，因為你必須維持好形象，不斷地充實自己的能力，才不會讓學生考倒你，而不是順自己的意，做一個叛逆的遊子。

你以為當你可以獨立門戶，當老闆了就真的能做自己了嗎？很抱歉，你還是得配合廠商、順應市場，才能適者生存，讓公司維持營運下去。

就算我們再喜歡的工作，再有興趣的事物，其中一定包含了我們討厭的細節，如果無法接納，勢必很難持續下去。

但你要因為那些枝微末節而放棄整片森林嗎？相信很多人都很難放手，特別是歷經波折才得到的成果。

因此，很多經驗教會我們，如果你想得到你想要的，必須做出某方面的妥協。這種妥協並不是要你戴上假面具、失去自我，而是一種過程。為的是讓事情能有更圓融的解決方式，也是為了心中那份理想。

妥協不是讓你委屈自己，而是看得更遠。重要的是你知道自己在做什麼、為什麼而做，而不是盲目去配合，這才是你所堅持的。

社會上很多成功者，在他達到某種成就之後，表現出來的自在與真性情，往往令人拍案叫好。但你知道在此之前他是什麼樣子嗎？恐怕跟你我差不多，他們也經常必須退讓忍耐，以便達到自己想要的目標。

所謂「大丈夫能屈能伸」就是這個道理。越是可以走過風雨，堅持到最後而成功的人，都是不斷調整自己，而不是盲目的衝撞。

沒有任何事情可以完全隨心所欲，就算你退居山野，還是得面臨風災雨災，跟大自然妥協，殺出一條生存之路。

既然我們生活在俗世，有著奮鬥的理想，因此求取一個平衡點，就是為了讓事情有更順利的推展。當你歷練越多，在好強中吃盡苦頭，就會開始悟出其中的道理，適度調整自己，才能達到最好的結果。

為了讓自己的理想實現，有時候妥協是必要的，千萬別為了一點阻礙而放棄大好江山。

010

愛其實很簡單，只要懂得付出

越是經歷過磨難的人越懂得付出，因為他能對別人的苦難感同身受。

當我們身處低潮時，雖然說需要自立自強，但你不可能完全靠自己站起來，總要有人拉你一把，給予及時的協助。等到你撐過那一段時光，就能真正體會到患難中的扶持是多麼珍貴了。

不要認為別人的付出是天經地義的，說實在的，在競爭激烈的社會中，能在你困頓時伸出手援助的，才是真朋友。有些人根本不需要你回報，甚至當初也不會想從你身上得到什麼。你能做同樣的事情，就是最好的回報。

如果我們能把這樣的舉動，當成自己效仿的一部份，你會發現：其實那是一種助人的快樂，來自內心的喜悅，不是外在物質可以交換的。也因為你是這樣走過來，回首前塵，你更懂得這中間施比受更有福的道理。對於那些挫敗或許就能減少一些怨尤，而抱持著更多感恩的心。

幫助別人，也是在幫助自己，它能讓你從各方面重拾信心，藉由「給予」讓我們覺得自己是幸福的，因為你還有能力幫助他人，你已經從過去的陰霾走出來了。

生命已經教會你，與其坐在那裡悲傷，不如轉化成一股成長的動力，你不僅改變自己，也有能力改變別人。讓自己成為更好的人，不是一直被往事牽引著，覺得世界是灰暗的，毫無希望可言。

俗語說：「舊的不去、新的不來。」我們需要重新開始，創造全新的自己。能對別人有好的影響，就是一種態度上的轉變，讓轉移關注的焦點，淡化那些不愉快的記憶。

昔日的挫敗應該更讓你能分辨什麼是善、什麼是惡，無論是你犯的錯或是環境使然，想必是一股負面的能量造成的結果。如果能導向正面的思考行為，相信一切都不會發生。同樣的事件，相信你也不希望發生在別人身上。

付出就是一股善的力量，它能讓你時時充滿正面思考，從這個基礎改變自己的觀念，一旦我們行為改變了，我們的遭遇自然也會隨之扭轉。

誰不希望能被更多的好事包圍，而不是一些愁眉苦臉的哀怨，多花點心思在好的事物、對的人身上，也是一種補償，也能沖淡一些不幸的記憶，為自己帶來豐富的人生。

懂得付出，你的生活就已經往前邁進一大步了。

第三章

回顧是為了更好的明天

001

過去的挫折是一種「資產」

所有的過往是真實烙印在我們的生命中，我們無法像用過的衛生紙揉一揉丟棄就沒事，因為那些過去的的確確發生在我們生命中，塑造出現在的自己。即便現在、這一刻，你所做的決定，對未來仍然有著相當程度的影響。

有人經常活在悔恨中，你最常聽到的是有人常常抱怨「要是我之前怎樣怎樣做就好了」，但時光消逝不復見，總是為不如意的事感到痛苦，並不能改變什麼，只是讓你更加萎靡，失去生活的動力。

所有的錯誤，都可以變成一種很好的經驗，有利於你的成長，問題是你把它當成資產還是負債。

所謂「不經一事，不長一智」，我們都在錯誤中學習讓自己變得更好。錯誤的決定可能讓你一時迷惘，卻能在錯誤中學習，增加你未來的判斷能力，誰說結果不是好的呢？說不定是一個值得經歷的過程呢！

我們不能保證現在做的每一件事都是對的，因為沒有人是完美的，偶而我們也會出了點錯、跌了一跤。如果你執著於最完美的那一點，反而難以跨越那道障礙，那是在跟自己過不去。你未來的日子也肯定會在那點上繞圈圈，不僅於事無補，也讓你停滯不前，更別說是改變人生！

當我們看得事情多了，學到的經驗多了，這是沒有人可以從我們身上拿走的，學著把挫折中學得的當成你的「寶貴資產」，這才是推動我們前進的動力。

要記得不管多麼成功的人，都不可能永遠一帆風順，回顧過往不都是一路崎嶇蜿蜒走來，才有今日的成績。一般人為什麼無法成功，就在於面對挫折的心態不同。你如何處理生活裡的失誤，決定你的未來。

同樣的，你如何看待過往的缺陷，也就容易形成今日的你。不懂得反省檢討的人，會不斷在同樣的地方跌倒，也會被自己習慣性的錯誤所困住，因為生命並沒有教會他們什麼。只會選擇逃避閃躲，假裝什麼事情都沒發生過。這才是人生最大的挫敗。

如何記取經驗跟教訓，才是人生過程中必須關注的，不要讓錯誤像陰魂不散一樣緊跟著你。你的回顧必須帶著反省的成分，因為你熬過來了，這正是值得慶賀的一件事。當你不再重蹈覆轍，就是進步的開始。

從挫折中學習，才能成為你成長的動力。

002

純屬意外

一個最容易原諒自己失敗的藉口，就是：「意外」。

如果我們把所有的失敗歸咎為意外，那只是一種怠惰心態，讓人將失去檢討改進的意志，你也無法從中學習成長，修正自己所犯的錯誤。

愛因斯坦說：「沒有僥倖這回事，最偶然的意外，似乎也都是事出必有因。」

就算很單純的車禍，如果不是因為走上那一條路、或是沒有好的駕車技術卻偏要超車種種因素，緊接而來的「意外」怎麼會發生？更何況人生中的挫敗原因更加複雜，在問題發生之前，你的所有作為都息息相關。當我們檢討那些失敗原因時，就不得不把一些事前的因素考慮進去，而不是僅僅口頭上說「意外」這麼簡單。

許多的挫折來自於我們沒有準備好，那些超乎我們能力處理的問題已經迫在眉睫，逼得你不得不去面對。結局當然是無法預測的。

就像一場賭局，任何一個賭徒都是在衝動跟情感作祟下孤注一執。或許你贏了，那是一時的幸運，並不代表往後都有同樣的運氣發生，如果輸了呢？那是必然的，你必須認命，因為失敗的機率本來就很高。

我們在勝利的歡欣跟失望之間，都必須抱持著一種心態，就是你從中學到了什麼樣的認知。如果你是為著那千分之一的機率而牽腸掛肚，那就是跟自己過不去。

人生不是賭局，如果我們能謹慎做出決定，未來必然會有好的結果。如果是抱著賭徒心態，那麼永遠也繞不出那個失敗的圈圈。所謂十賭九輸就是這個道理。

因為缺乏經驗判斷下的失敗，至少讓我們上了一堂寶貴的課程。我們從中可以得到成長，雖然必須付出的代價高昂，但依然有其價值。最怕的就是把這當成命運的輪盤，不去思考下一步還步步錯，那真的就是白受苦了。

當然我們還是有機會去防堵意外的發生的，經驗正是你最好的老師。再難的習題也有解開的方程式，只要你解開這道習題，下一次面對同樣的問題就能輕鬆過關了。

這就像一種演化的過程，當你遇到的問題越多，越能讓你變得有智慧，更懂得生存的道理一樣。任何學習沒有不碰到阻礙或一蹴可及的，你把功夫練得越紮實，你的段術就越高。

當你不再為失敗找藉口，你就已經開始挖掘答案了！

不要為失敗找藉口，而是要為成功找方法。

003

益友的好處

我們要如何去印證：你現在已經不同了，正往更好的方向前進？

這有一個重點，倒不是你現在所累積的名利，而是你所置身的環境與相處的人。我們應該相信，什麼樣的磁場吸引什麼樣的人，同理可證，什麼樣的人也會吸引什麼樣的人群。

我們都希望自己更好，但如果你周遭的朋友一成不變的話，那麼你到底能有多少改變呢？

青春年少的張狂、那些跌跌撞撞的過程，是每個人必經之路，沒有人可以保護你一輩子，也沒有人可以跟隨你一生，即使家人也有凋零的時候。到最後，你會跟誰在一起，你會擁有什麼樣的夥伴，就在於你的觀念與行為。

當然這裡說的並不是要你拋棄過往的一切，包括舊友。老朋友有老朋友的好，你們擁有共同的回憶，共同的印記，但是光是那些舊友對你是不夠的。

如果一直停滯在某個階段，無法趕上你前進的步伐，那麼我們是不是應該要去接納更多有相同目標的人們。當我們週遭的夥伴隨之改變，也會替我們的人生帶來更多不一樣的精采，這是相輔相成，讓我們變得更好的印證。

新的朋友替我們溢注了更多新的觀念、新的活力，會讓你發現不同的世界，也改變我們的想法。當你變得更好，同樣會吸引更多更好的人靠近。如果我們總是耽溺於一個固定的生活圈，很容易讓自己變成「井底之蛙」，以為世界就像你所習慣的世界那樣。

結交更多的益友、擴展自己的生活圈，是讓自己成長的要件之一。當一段時期，檢視一下你身邊的人們，也反觀自我，你究竟改變了多少？變得更好還是更糟？

這容易幫忙你提醒自己，不斷檢視自己的生活，做必要的調整。這是一種回顧的正向意義，也能幫助你改善自己的一種方式。

回顧不是「老調重彈」，而是讓你一個階段、一個階段的通往理想的目標。讓你留住最美好的記憶、最佳的夥伴，而不是去習慣。當你習慣跟過去牽扯，你可能不知不覺也會習慣那些缺陷，而看不到自己原本的潛力。

透過身邊的益友，最容易讓你清楚現在置身的「階段」，你是更滿意目前的生活呢？還是勉強自己「湊和」、「湊和」著過日子呢？

選擇良師益友在身邊。你身邊圍繞著什麼樣的人，你就容易變成那種人。

004

防範於未然

過去教會了我們什麼？其中重要的一環，就是讓你知道類似的狀況再發生，我們知道如何提早做準備。

我們會讓不幸發生，一方面是缺乏經驗、另一方面也可以說是「無知」。因為我們所知太少，身邊又缺少可以提醒我們的人，因此讓我們陷入困境。但那樣的挫折不是完全沒有價值的，如果你承認自己的愚昧，就代表著成長的開始。你有了進步的空間，承認自己的弱點，並且虛心學習。

我們都不希望同樣的痛再來一次，要避免悲劇的發生，就必須防範於未然。

就像疾病一樣，任何生過病的人都知道健康的重要，但是你有沒有找到讓自己提升免疫力的方式，就是你該學習的功課。

記得過去曾在國外生了一場大病，那是在台灣罕見的疾病，甚至不可能發生在你熟悉的環境中。可能是台灣看病太容易了，到處是醫院、健保也相當便宜。因此，我幾乎很少聽到醫生會提醒關於這一點。

在國外要排隊等上一位醫生治病並不太容易，當我見到當地很有口碑的醫生時，醫生並沒有告訴我太多的病因，反倒是做了一番好心提醒：「如果你不知道自己生了什麼怪病，那就先強化你的免疫力吧！」那位醫生也沒有特別給我什麼藥，而是幫我補充營養針。說也奇怪，還真的很快恢復了精神，那奇怪難纏的疾病也逐漸痊癒了。

那些不幸的遭遇也跟疾病一樣。想不生病先給自己做好預防措施，這才是根本之道。過去提供很好的經驗，善用那些經驗可以讓你未來避開更多的麻煩。

要保護自己、維持幸福的方式，有時不是光抵抗就有用，還不如先強壯自己，提醒自己該避開的危機。

對於別人造成你的痛苦，如果把恨意轉換成同情呢？因為可悲的是對方不是你，那人並不知道自己正在鑄下大錯，因為你贏得了一時、贏不了一世，終會因為這樣的性格而踢到大鐵板。至於那些，就不是你該在乎的事了。

我們不僅自身學習，同樣可以在別人身上學習。對於那些善的、正面的能量我們盡量吸收，而那些惡的力量我們要懂得避開。你會看得更清楚，越美麗的包裝下，往往有著名不符實的內在。因此我們應該更懂得避免那些誘惑，而你的經驗就是最好的工具，讓你免於不幸的災難。

過去的不幸是你最好的智囊團，讓你在未來的日子懂得如何防範。

005

微小的錯誤

許多經驗告訴我們：別忽視那些小小的錯誤，往往會衍生成重大的挫敗。

如果我們試著去回想：是不是過去曾經犯過一些小錯，你以為可以忽略就此過去，但就因為我們疏忽的結果，一次又一次的原諒，最後導致不可收拾的後果。

那可能只是因為我們不小心說出口的話，一個不經意的動作，但看在別人眼中可能就不是這樣了，有心者會利用這個機會挑起事端，別有目的者更會拿這個錯誤緊咬你不放。

我有一位朋友小花，天性非常善良，我從她身上得到的第一個觀念是：分享。

小花會因為聽到一些幫助他人的故事而感動莫名，相對的，她也是一個身體力行者。

於是，當小花來到一個落後國家，她那種善良的天性更是發揮得「淋漓盡致」。因為小花一開始幫助了一位朋友的小孩學費，接著第二個求助的朋友出現了，然後第三個，常常有人藉由各種藉口要求她幫忙，而她的天性慷慨，很難去拒絕別人。雖然有人提醒小花說：「你怎麼知道那些人說得是真的呢？」

小花很堅持的說：「那萬一的確是真的呢？我們不該去懷疑人家。」

於是，看到那些處心積慮接近她的當地友人，房子越蓋越大，單身的有了家庭、孩子成群，還有了車，小花的付出越來越多，但她依然只有那一輛破摩托車。

終於有一回，好久沒有小花的消息。聽說她已經不再去那個落後國家了。

一經打聽之下，才知道因為一場意外的火災，導致小花原本工作的公司倒閉，她也失業了。後來小花甚至必須當清潔工來維持生活，加上身體狀況出了問題，再也沒有經濟能力去那個國家了。

當我再回到那個鎮上，看到她的朋友過得越來越舒適，不禁百感交集。

我不知道小花最後清醒了沒有，還是依然覺得她自己的「善良」非常有意義。

小花或許至今還不知道她犯了什麼錯，但從一開始，她的「大方」、對人沒有戒心，就註定她會被推向那些陷阱。越來越多人把她當成「救星」，而她最後卻救不了自己的人生。

這並不是說對人付出是個錯誤，而是那一道界限在哪裡，你必須清清楚楚。當事情超過自己的能力時，就應該立即防範，才不會讓人得寸進尺。

所謂「一步錯、步步錯」，我們在重大挫敗發生前，一定能有所感覺，這時應該立即停止那些錯誤的行為，及時回頭。因為情況一旦失控，沒有人救得了你，這苦果最後還是得自己承受。

因此必須不時回頭檢視自己的行為，這是避免讓錯誤不斷發生導致無法回頭的地步，讓我們能步步為營，為自己留退路。

失敗往往來自於我們所忽略的小事。

006

控制狂

有一種挫折在旁人的眼中是微不足道，但對於當事者本身卻像不得了的大事，足以為沉悶好久。說穿了！這類的挫折真正來自於自己的某種「控制狂」心理。一旦事情不如自己預期的發展，便產生不服氣，進而感到無限的挫折。

這種「控制狂」跟「強迫症」有異曲同工之妙，認為所有事物都應該在自己掌握之中，處心積慮想去控制他人來符合自己的心意。但最後發現，沒有人能讓你掌握，除了你自己。

強迫症是一種心理上的毛病，把自己的想法強壓到別人身上，總是愛指揮別人，好讓一切不致於失去「你的控制」，一切在你的規劃之中，卻沒想到常常招致反效果。

或許別人一時糊塗聽從你的意見，但這不會長久，一旦別人開始反彈，那股力量往往對自己造成很大的殺傷力。最後弄成兩面不討好，不但失去了友誼，也讓事情變得更糟糕。這時的挫折可想而知了。

現在這類的控制狂事件層出不窮，有些人會施以小惠，抱定你需要「回報」的心理，開始指使你去做事。

還有一種人則是講話時，不斷用肢體碰觸，想要引起別人的注意，並不時有一種貶低別人的口吻，藉由加強自己的地位。

這種人多半出於好勝心過強，以致於不知不覺出現一些強迫性的行為，即使別人覺得他們的話語無趣，或是沒什麼參考價值，但他們就是想引起注意力，而強迫別人接受。

當你遇到這類人物，如果自己不夠堅強，可能一時脆弱就會被牽著鼻子走。但終究你會發現，這對自己並無好處，而且經常成為被利用的棋子。

如果是自己也有這種傾向，那麼生活上的挫敗，更能提醒你所犯的錯誤，讓你即時導正，而不是一味的錯下去，一輩子空留遺憾。

凡事應當有所節制，雖然我們希望對事情有主導權，可以控制發展的方向，但你會發現很多事情是勉強不來的。我們只能盡人事，剩下的就只能交給命運安排。只要於心無愧，也對事情做了最好的交代，那你也能毫無遺憾了。最怕的是把旁人拖下水，那麼不只要承擔失敗的後果，也遭致更多的非議。

有時候挫敗是出於我們的好強，要時時反省自己的言行，以免過了頭。

007

記憶不是智慧

我們通常會記得那些印象深刻的過去，傷口會淡化，但卻永遠難以忘懷，就像一個「小惡魔」，不時會跳出來敲敲你的腦袋，搞壞你的心情。

當我們一個不小心，又因為某些地方、某些東西觸發了那些不愉快的回憶，你會因此得到什麼？是讓你有所領悟，還是除了感慨還是感慨。

一位西方哲學家曾說：「如果我們可以左右自己的思想，就能控制我們的情感。」對於過去所經歷的不愉快，如果我們能轉換成一種思考，去分析了解，那麼回憶所能帶給你的，就不光只是回憶的意義了。

這就是為什麼你會看到：許多遭遇不幸的人會有兩種極端——要不是變得更

好，就是從此一場糊塗。這就是一種觀念上的差異，造成不同的結果。

就像閱讀一本小說，或許你也可以把你所經歷過的事當成一則故事來看。當我們投入劇情的曲折起伏，心情也隨之牽引。但僅只於此嗎？

灑狗血的小說就像泡沫劇一樣，只能當作「殺時間」來用，如果你珍惜光陰的話，你會更希望從一本小說中讀到了什麼？就像看一場電影一樣，裡頭精髓是什麼，難道只是表面上帶給觀眾刺激的娛樂效果這麼簡單嗎？

藝術的價值就在於你所能聯想到的，無論是戲劇或繪畫雕刻，不光是表面而是內涵跟精神，引導你產生更多的想法。你從中看到更寬廣的世界、更多的可能性。

這就像我們的過往，如果你把人生也當成一門藝術而不光是肥皂劇，回憶就會是一面鏡子，讓你發掘平常你不會發現的細節，而能用我們的思考去改善那些缺失，我們也從中得到了智慧。那麼那些記憶就變得更有價值。

因此調整你對往事的回味，用更多的理性去面對。不要在乎別人的批評，畢竟那些已經是過去式，你要贏得肯定是現在跟未來的你。至於別人要怎樣討論你的過去，那都是過往雲煙了，你必須有這一點認知，不需要隨之起舞。

當你學習去思考、用理智去判斷，那些憂傷就不再是憂傷，而是帶給你新生的力量，讓你明白如何去開創嶄新的格局。

不要光把回憶當作痛苦的歷程，而是從回憶裡去找回生命中的美好，把它當作一種增長智慧的方式，那將會改變你的人生。

008

檢討自己

當我們遇到麻煩，第一個反應必定是非常情緒化，你埋怨這種事為什麼會發生在你身上，而不是別人？你為什麼會這麼倒楣？我要如何反擊對方等等。那時你所有的念頭都是非常負面的，唯有你自己身陷其中不知道而已。只要一點點的指責，必然引起你相當大的反彈。因為你希望所有人的矛頭都指向對方，指向造成你挫敗的事物。

很少人會在傷害發生時，就開始檢討自己，反倒是忙著抓代罪羔羊或是那個「兇手」，盡全力的攻擊，用此得到某種發洩，填補內心的傷痛。但這麼做於事無補，甚至有時自己是受害者卻成了加害者。我們需要的是冷靜下來，而時間正是最好的良藥。

拜倫曾說過：「時間可以矯正我們謬誤的見解。」總是要過一段時間後，當我們的情緒稍微平息了，我們的看法才會慢慢得到改觀。這不是情況變了，而是你的心態改變了。

這看似毫無道理，但實際上卻是如此。一位西方哲學家說：「一個人的情緒高漲時，理智就會斷線。」當我們衝動時，往往不會考慮到後果。以一個受害者的立場去看整件事情，會覺得對你不公平，你需要一些「交代」。

但所有的錯真的都是別人造成的嗎？一個巴掌拍不響，在某些時候是不是自己也要負部分責任。如果不是你的疏忽、縱容，怎會讓宵小有機可趁。那時是不是當有人好心相勸，我們仍然一意孤行聽不進去？

我們常看到類似的例子：像是我一位朋友平常看起來很理智，但一碰到感情卻全亂了調。即使明知對方接近他是為了金錢，但他仍一步步陷入對方的陷阱中，你看到他周遭的朋友圈慢慢變了，經常跟對方的友人一起，卻慢慢疏遠自己原本的朋友。

那陣子他看起來是開心的，但你知道那其實不會長久。果然一段時間沒見到他，後來知道他過得很不好。就像所有的詐騙集團一樣，他的女友詐騙了他的感情，也幾乎把他所有財產騙光，然後琵琶別抱了。

朋友憤怒、不甘心，但也於事無補，最後還是得由自己收拾殘局，一個人最容易被騙上當的，不就是最親近的人嗎？因為你的感情會蓋過你的理智思考，總認為：「我跟他這麼好，他應該不會騙我吧？」就因為太放心了，反倒放任那些傷害發生。

與其活在懊惱中，還不如回頭檢討自己，到底犯了什麼樣的錯誤，可以加以修正，好讓同樣的事情不會再發生。

每隔一段時間就要去回顧，給自己警惕而不是試圖遺忘。等你歷經的事情更多，也能用更理智的態度去思考。當你能以一種旁觀者的角度去看事情的時候，往往能看得更透徹。

暗黑中，望見
最美麗小事的練習

以一個旁觀者的角度去回顧過往時，你反而能更理性的找出其中原因。

009

更上一層樓

我們對於「小時了了、大未必佳」、「少年得志大不幸」這些形容應該耳熟能詳，乍看之下會以為那些是平庸的人嫉妒的語言：認為有些人的成功得來全不費功夫，天生的好運似乎跟定他，但是反過來想，對於太早得到人人稱羨的一切，未必是件好事，因為得來的幸福太輕易，反倒容易讓人疏忽，忘了去珍惜擁有的一切。而那些一路從艱困走來的人，反倒更戰戰兢兢維護好不容易得來的一切，他們更懂得體會，那怕是一點丁的幸福。

越是艱困的處境下，越是磨練我們的意志，生命教導著我們，引導我們走向正確的方向，就看你是否領悟。所有的不如意都會成為過去，生命教會我們的是不斷提升自己的能力，避開錯誤，讓自己成為更好的人。

不要去羡慕那些一步登天的人，成功來得快、去得也快，就像建造一棟高樓大廈，如果沒有穩固的基石，又怎能往上延伸，經得起任何天災地變呢？

不要老是去跟人攀比，那只會挫折自己的意志。每個人有每個人的境遇，你所要努力的方向應該朝著：今天比昨天更好。過一段時間，你就能發現自己的改變，正朝著理想的生活邁進了。

所有的人性都一樣，如果你設定過高的目標，很容易會因為太困難而打退堂鼓。但如果可以先把目標範圍訂定得近一點，一步步達標，那就容易多了，也能更加激勵你的鬥志。

過往的缺憾都是為了讓你有機會去填補自己的弱點，那些都是給你最好的警示，唯有在不斷修正自己的錯誤，你才能更進一步。不需要一步登天，只要一天一點一點的進步，累積一段時間再回頭看，其實你會訝然發現：自己已經變得不同。

這包括我們在生活上的成就、你的朋友圈，都可以證明你的改變。因為人都是互相吸引的，因為過去的你不夠好，所以引來令你感到挫敗的朋友，這是有跡可尋的。當你改變了，你身邊的人事物也會跟著改變，這是一定的道理。

回顧是為了提醒自己：你有比昨天更好嗎？你還有哪些需要改善的？把過去的你當成一個圭臬，你就能發覺自己究竟有沒有往前，還是只是原地踏步。

我們都希望變得更好而不是更討厭自己，因此把你的人生當成一場競賽，你不需要跑贏別人，只要贏過自己就夠了，那麼，總有一天你會成為你設定中的自己，這也是另一種圓滿。因為過去的你，讓你重新對未來有了目標。

求好還要更好，把昨天當成一種競賽，抱定要過得比昨日的你更好，你就注定將會是個贏家。

010

放手，不是因為你值得更好的感情，是自己

回想最後一段跟家鄉的人有往來，應該是剛上大學時迷上跳舞，在那裡遇到老同學及一群同鄉。我們因為好玩（或許也可以稱之為共同的興趣）經常相約，之後自己又再度重考，從此完全跟家鄉的人斷了聯繫。

到底是什麼原因？一段時間之後，我回憶起這中間的改變，因為我的生活豐富了，遇到更多有趣、真正喜愛的那種朋友出現，相較之下，年輕時所認識那些同鄉朋友，就顯得格格不入了，甚至覺得很多令自己不堪回首。

這問題的根本就是：當你有了更多的選擇，你就會選擇更好的，而不是勉強自己去湊合，跟你完全不對味的人往來。

有些人不是你所能選擇的，像是同學、家人、親戚，但朋友或另一半是你可以

控制的。當你的世界變大了、生活圈變廣了，自然而然想法也就變了，你會選擇更適合現在的你，那些讓你覺得舒服、聊得上話題的人往來。

所以，繞了一大圈回來，我常常回想以前為什麼會跟家鄉的朋友漸行漸遠，的確是有原因的。不是故意抬舉自己，有時你不會去計較，但往往事實卻令人訝異。這就是一種成長，當你變得進步，你的環境跟人也會隨之變化。

這就是「選擇」跟「被選擇」之間的差異。如果你是「被選擇」的那方，就只能無條件接受那些跟你不同調的人，但當你有了選擇權，你會發現自己的生活將會是海闊天空。

就像小學我過得非常快樂也很活潑，但我真的記不得哪些是我的同班同學，除了一位小四時跟我非常要好的同學之外，因為她每次要上學必經過我家，我都會先到門口等她一起上學。（我對她的深刻印象也是因為她非常善良，這是身為富家女很少見的）

因此，長大後都是別人認出我，我是一點印象也沒有。因為我放學後幾乎不是跟同學玩耍，而是跟附近鄰居小朋友，那時鄰居太多小朋友了，隨時都在等著我放學一起玩耍、做功課。

這樣的習慣延伸到國中，偏偏到了國中時期，發現鄰居朋友沒有人跟我上同一所學校，這才開始有一種落單的感覺，因此當我好不容易發現有一個住得很近的同學，不管喜不喜歡，我都會找她一起上學。這是一種被環境約束下，你毫無選擇下的將就。

所以，這樣的同學會不免勾起我太多的想法，只是人總是健忘，還得三不五時提醒自己，其實真正的你並沒有改變，只是暫時被遺忘了。

別為過去所牽絆，每個人都有權利選擇更好的人生。

011

找回你的信心

沒有人是應該被漠視、不受尊重的。但在我們的教育下，經常灌輸我們聽話、依照師長的意思去做就對了。當然某方面是出於別人對於你的好意，但這樣過度保護下的生活，反而會讓我們失去表達自我的能力，甚至壓抑了原本的個性。

有時我們需要配合別人是不得已：像是師長的要求、在你喜歡的人面前、同儕的壓力等等。回顧過往，在我們還不確定自己要的是什麼時，往往容易成為別人擺弄的對象。

這往往要等到我們有更多的智慧跟人生經驗後，回頭去檢視：你才能分辨那些是你真正想要的、哪些又是半強迫的，讓你不得不屈服在比我們更強勢的人所指揮之下。

就像我們的教育一樣：從少年時期的懵懂無知到智慧的累積，從一個陌生領域到熟悉、從一群新朋友到熟識。這樣的過程，我們很容易碰到那些有心人士，也就是帶著「控制狂」的傢伙，試圖給我們下馬威，利用折損我們的意志，來達到他們控制的目的。

等你逐漸意識到真相時，有兩種截然不同的選擇：你是怯於習慣，抑或是想掙脫被擺佈的命運？

這時，你是不是了解自己就是個重點，你能為真正想要的方式爭取多少？取決於你有多少自信，你是否怕得罪人之後將失去某些東西；那可能是你熟悉的關係，或是最現實的物質。當我們有了最壞的打算，還怕什麼？放手一搏反倒可以讓你掙脫枷鎖，甚至得到更多的掌聲。

一個總是被控制的人是充滿自卑的，但懂得爭取應有的尊重，可以為你重新建立起信心。那意味著：你將不再受制於某些人、某些狀況，而能真正獨立的做你自己。最後你將發現：那些擔心害怕顯得很多餘。

反省其實沒什麼不好，倒是讓我們學習如何更堅強，從自我的鍛鍊、也從更好的人身上學習，當我們跨出了舒適圈，不再擔心得罪他人時，你同時也慢慢找回屬於你的自信，追求一種讓你更舒適的生活方式。

試想：如果科技上的軟體需要更新，我們的生活不也需要經常更新呢？人必須不斷追求進步，而不是總強迫自己去接受那些不合理的要求。

懂得擺脫不對的人加諸在你身上的壓力，懂得為自己爭取，你已經開始建立起對自己的信心，揮別過去那個軟弱的自己了。

自信心的建立在於勇於爭取。

第四章

讓回憶只是個回憶

001

你的遺憾

每個人的生活中往往會有些遺憾，我們聽過太多人回憶起失去的機會，那些過往的輝煌或是曾經幸福的日子。無論現在成功或失敗，我們的人生都不可能圓滿的。

如果真是這樣，難道我們要終身抱著這樣的遺憾，被那些傷心的往事所羈絆嗎？當然不是的。沒有不能縫補的缺口，除非你不去作為。回顧是讓你了解到你缺了什麼，而你可以用更好的將來去修補。就算無法像當初那般完美，但學習接受是必須做的功課。

不管我們歷經了多少痛苦，但生活依舊要繼續，你可以選擇用頹喪的心情去過，或者找出更多快樂去填補過去的不幸。

那些遺憾有時正提醒著你，應該更努力去經營自己的未來，許多該做而沒做的事，要更努力去達成。因為你不想讓未來增添更多的「遺憾」就必須把握時光啊！時時刻刻提醒自己什麼才是最重要的，該把什麼樣的事情當作生活中的首選的項目去執行。

有時不是金錢跟名利，而是更多生活中的體驗，那些令你覺得幸福的事，往往都比外在的物質更重要。從你所失去的，讓你變得更有智慧去處理現在的生活，追求更重要的目標，這才是你所應該做的，而不是受他人影響，聽從他人該怎麼做。

我們往往造成的損失，不是我們真心想去實踐，而是受到那些三言兩語、負面聲音的影響。你會認為那是一種無奈？其實卻只是你在替自己找藉口。自己的人生是自己在過的，不是別人替你生活，即使最親近的人，你也該學習不受別人影響，而由自己去做決定。

這當然還有一個反向思考：如果你是太一意孤行的人，回過頭來更應該多聽聽有智慧的人對你的告誡，或許那些意見更為客觀實際。如何在這之間達成平衡點，有賴多方面的思考，才能避免將來造成更多的後悔。

畢竟那還不算太糟！如果我們能用積極樂觀的態度去面對，你會發現不幸的人太多了，其實自己還不算太糟！

即便有人擁有你夢想中的幸福，是世俗眼光中的「人生勝利組」，但恐怕你擁有的卻是別人所沒有的。試圖找出自己的優勢，就算什麼都沒有了！你至少還擁有「自由」吧？無所拘束的自在反倒是別人所羨慕的呢！

你可以有更多的自由去選擇，去彌補曾經失去的，這才是遺憾所教會你的事情。

暗黑中，望見
最美麗小事的練習

遺憾會提醒你生命中的缺陷，督促你追求更完美的人生。

002

昔日所糾結的

好久沒寫一些正能量的事了，這當然跟前陣子遇到不愉快和身處的環境有關。話說因為我搬回老家、參加了一場同學會而跟過去有了連結。我說的過去，不是什麼愉快的歲月，而是最酸澀痛苦的青少年時光。那時的我因為家庭因素過得很壓抑自卑。可以說是摧毀我童年的「殺手」。

因為童年的自己也曾經無憂無慮，擁有天真無邪的快樂，每天無憂無慮的生活著。可是年少過程的經歷毀損了我的自信，當時的我特別軟弱而容易被「控制」，包括那些你討厭的人事物，總是無從選擇般照單全收。因為你害怕，一旦失去了同儕朋友就好像一無所有了。

當然，你再厭惡、不想回顧的人們（包括家人），也會有短暫的美好時光。但整體而言，你會發現成長之後，那些微小的火光是不足為外人道的。因為痛苦像巨大的火焰，隨時可以輕易的將快樂的火苗覆滅。

等到那一段國中歲月過去之後，當你的世界變得更寬廣，接觸到更好的人們之後，記憶就會逐漸把那些跟你不對盤或是曾傷害你的那些記憶慢慢抹去，你將遇到更契合的朋友，獲得與你同調的情誼。

這次在這麼一個機緣之下，自己又掉進過去的漩渦中，我淡忘了當初丟棄的理由。但是那一場同學會又勾起了我往日難堪的回憶，那些曾經參與那段歲月的同學們，漸漸的都浮現在我苦澀的回憶裡，生命如此短暫，真的就不要在過去的垃圾桶裡找答案了！

那一場同學會也讓我看清一點：有些人是永遠不會變，至少基本性情都沒變。有些人是你當年沒這「資格」認識（因為過去的自卑），但真的是很棒的人。

我不能用現在的行為去對待過去認識的人，否則只是讓自己沮喪而已。當然我也無法回到過去所討厭的那種自己，繼續去面對同樣一批人，再讓自己捶胸頓足。一度忘了我是那麼酷愛自由的人，那麼為什麼要讓那些思想觀念完全不對盤的人，來左右我的人生呢？

於是我開始拒絕，不會因別人過度的熱情，而覺得欠對方什麼。也不想因為年少時懵懵懂懂被安排進去學校，就覺得那些同窗與我有什麼特殊的「情誼」。那就像是家人，是你無從選擇，你是被動被放在那樣的環境之中，那麼，你該有多在乎？

別人並不能代替你的感受，那些令他們感到愉快的過往，未必對我而言有相同的體會。即便在這樣的機緣下，能做的，就是重新洗牌，讓過往同窗認識現在的你，你也重新認識以前的同學，而不是繼續跟那些曾經傷害過你的「同窗友人」瞎攪和。

暗黑中，望見
最美麗小事的練習

那些被你切斷的人生，就不要再回頭看了，那裡不會是光明，而是陰鬱的老調重彈。

003

刪除的記憶

這幾年才學會一件事，那就是過去的不愉快忘掉最好——那些回不去的關係、傷心的回憶、惡毒的言語、攻訐的舉動，試圖拖你下水，破壞你現有的生活。既然你無法回到過去改變些什麼，又何必繼續和過去那些不愉快繼續牽扯呢？

老友A：「我記得你以前很溫柔、總是輕聲細語，怎麼現在變這樣？」

老友B：「哎呀，你還記得你的初戀男友嗎？」

有些人就是搞不清楚狀況，那時的你是活得多麼沉悶，另外並不是所有人的初戀都是甜蜜的，有時不過是年輕時犯的傻事，卻被不了解的人拿來說三道四的。

如果有人這麼對待你，那你正好看清這個人的面目，那就是對方一點也不值得介入你現在或未來的生活。那些人不過是你以前做的「傻事」中的一環而已：意味著——交錯朋友啦！

真正的好友，即使知道你一些「不如意」的往事，他們總會技巧性的避開，不會試圖勾起你的回憶。那是一種貼心、一種真正站在你的立場為你著想的人。這種朋友才值得珍惜。他們是會陪伴你的益友。

因此你該慶幸，現在的你已經更成熟了，能分辨出益友跟損友的差別。對於不堪的過去，就利用「刪除法」來減輕內心的負擔吧！

英國博物學家約翰雷曾說：「今日是過去的終結。」

如果人生可以用加減法來處理，有一種是向上的力量，而另一種則是會消磨你志氣的負面影響。想讓你的生活漸入佳境，我們應該加入一些好的、善的事情，而減去那些增添煩惱的負擔。

那些會引起你負面情緒的回憶，就盡量讓它沉入海底吧，你受的教訓已經夠了，不需要繼續陷在裡頭。就算偶而有人故意提起，你也無須理會，畢竟那都是過去的事了。就算對你有影響，希望那是好的影響，讓你修正自己的腳步，你已經知道如何控制自己，不再重蹈覆轍。

記得那些美好的事物，去取代那些不如意的過往，有時候我們需要選擇性的記憶，那不是一種逃避，而是讓你過得更好的方法。

當你覺得被傷害了，就應該立刻終止，即使曾有過美好，也不能拿來當成藉口。你必須接受人會變、環境會變，隨時準備調整好你的腳步。現在的對方改變了，那是你無能為力的，只能當它如泡沫般消失，才不會繼續糾纏下去，對你造成更大的損害。

有時候我們需要選擇性的記憶，那不是一種逃避，而是讓你過得更好的方法。

004

受苦就當是還債

最近又把舊書重讀，看到「好債、壞債」一書中的作者強・漢森提到：「過去種種已成過去，除非你還欠債。」換成了生活中的用法，你也可以想作：「過去種種已成過去，除非你還留戀。」

當我們記得那些美好的事物，當然對生活是一種加分，但對那些不堪的過往，如果還繼續沉溺在裡頭，對自己則是一種「處罰」。

那些挫敗的往事會像一股沉重的壓力，逼得你透不過氣來，你所有的生活將會受到阻礙，無法繼續往前走。不斷在腦海裡重複的畫面，會打擊我們的信心，像是一種毒蟲鑽進我們的腦袋裡，讓我們受到情緒的影響因而萎靡不振。

這時即使幸福或機會來臨，仍會覺得自己不配擁有。抱持這種贖罪的心理，對我們的未來是一種潛在的殺傷力，無益於我們的生活。

有人會勸你：「想開一點。」這樣的說法似乎太籠統，如果人真的能看開，又怎會陷入往日的憂傷呢？到底要怎麼想開，這還是得解開心中的結。

因為回憶像是帶著矛頭的箭，不時刺向我們的胸口，讓我們感到無能為力，忍不住把自己埋葬在過去中。如果能換個角度去看待過去的挫折，就如同佛家的觀點：「你受過的苦，算是把債還清了！」把那些挫敗當成「還債」，為你以前的失誤做個終結。畢竟你受了苦，等於彼此兩不相欠，該還的債也還清了，不用再被這種「相欠債」困擾一生。

就當作「分期付款」也罷！一次付清也好，我們受到教訓，也嚐到苦果了，接下來呢？你應該過得更輕鬆自在才對。

把那些「債」結清，你就沒什麼好憂慮的，再回頭只不過是你的清償畫面而已。現在就是你該打包上路，繼續為下一場人生競賽拼鬥的時候了，不需要再留戀。

繼續沉浸在傷痛的過往只是延長痛苦的回憶罷了，是在跟自己找麻煩，若真的偶而回顧，那就是找出問題的癥結點，化做正面能量。讓往後不再欠下類似的「債務」，讓生命累積更多的智慧，讓未來不再有所憾恨。

把那些不愉快的過往當作還債，既然還清了，就該啟程為自己累積幸福的時刻了。

005

不要讓過去損耗我們的生命

莎士比亞曾說：「我損耗過時間，現在是時間損耗我了。」人最大的挫折應該是對於哪些無能為力，我們無法控制的狀況束手無策，而往事就是其中的一環。當那些不如意的事情發生時，我們看似無能為力，做什麼都錯，但經過一段時間，我們慢慢的療癒，直到那些成為一段回憶。

有時回憶像是一道難以治癒的疤痕，不斷提醒著我們昔日的痛，明明想忘記，卻在一個不小心又勾起傷心往事。誰說：回憶盡是美好呢？我們總是會記得那些印象深刻的，雖然有歡笑，但也有悲傷。

我們都知道事情發生時，當下處理的方式很關鍵，但我們又經常犯錯，以致於讓事情越變越糟，成為未來的遺憾。於是過了好久好久，你似乎還不能平息那股悲傷，為此感到深深的自責，不斷告訴自己要是那時我能做些什麼就好了，但機會已經錯過，一切不堪回首。

你痛苦、掙扎，但傷痛的過往還能改變嗎？我們難道可以回到過去，試圖扭轉些什麼？沒有人可以改變過去，就算真的科技發達到那種程度好了，你有機會回到過去，但你依然會犯別的錯誤，最後還是難以扭轉頹勢。

問題就在：那時的你太無知、還不足以有經驗去處理問題。

於是，我們必須清楚：對傷心的往事耿耿於懷就是一種虛度光陰。為了無法改變的事實而浪費心神是無意義的。與其這樣，為什麼不想想如何創造更多的快樂和幸福來彌補內心的傷口。你絕對值得得到更好的，在你能掌握的未來裡，沒有人可以剝奪這一切。

不可否認的，過去一定會對我們的現在造成某種程度的影響，有人變得嚴肅、有人變得滄桑，卻也有人因此而更有智慧。往事像一道陰影籠罩著我們，我們可以期許有撥雲見日的一天。而我們能做的，只有掌握現在、改變未來，這才是對生命的一種負責，而不是屢屢回顧那些已成的事實。

如果我們不能從負面的情緒得到覺醒，那你很可能被牽著鼻子走，以致連將來都陪葬。

如果你不想毀壞自己的生活，那麼遇到惡意時要懂得閃躲，不要讓別人的悲哀變成你的悲劇。這不只是現在或未來，我們都可能遇上，更何況這「惡意」還包括沉浸在過往傷痛，給自己找罪受。

感觸是一時的，生活卻是長久的，就和那些不愉快的過往揮手說「拜拜」吧！把精神用在改變你未來的人生上，製造更多可令你回憶的美好時光，那才不致浪費生命。

人生苦短，我們只有往前看，沒有後退的餘地。

006

每一個回饋都是祝福

有一回和朋友談論起發生的一段往事，我與她之間開始起了爭辯。依她的判斷跟我所認知的部分有很大的差距，我們為此事來來回回「攻防」好幾回，幾乎都動了氣，還差點鬧翻。

直到朋友提醒我：「這可是國際電話，我們為此爭執有意義嗎？過去的事都過去了。」

雖然朋友並沒有對她的觀點退讓，但經這一提醒，讓我突然醒悟過來。是呀！都已經是過去的事了，現在為此浪費時間、金錢，還傷了朋友間的和氣，豈不是讓自己損失更多。

你是不是也常陷入這樣的迷思：為自己的立場捍衛、為是非對錯爭個道理、爭贏不可。卻常常忽略了這樣的爭論究竟對你未來有什麼幫助？

惠爾曼說：「與命運爭吵的人永遠不會了解自己。」

當你明白是非對錯不過是立場的不同時，你將不會在糾結於是非對錯，也才能因此創造更新的生命、新的觀點，並從過往學習到每一個回饋都是祝福，明白重要的是「我現在是什麼樣的人，而不是過去的我『曾經』如何如何」。

我們都可能犯錯，這都是讓你有所警惕，能讓自己改善缺失。就算遭到誤解的過去，但你的朋友還在、你還在，那表示你已經有機會告訴別人：你不再是過去那個人了，你對過往所犯下的錯誤已經做了修正。

那些曾經傷害過你的人，你受到的曲解，甚至朋友對整件事情的誤解，你能說的都說了，能做的也都盡力了，就不必再去在乎別人要怎麼講。因為那是你的生命，唯有你的感覺才是真實的，別人只是旁觀者無法代替你去承受。重要的是：你現在改變了多少？

有人說：「一朝被蛇咬，十年怕草繩。」那是你心中留下的陰影，不會有人因為你的遭遇而改變，是你自己才能體會。克服心中那道陰影是最難的，為過去所犯的錯收拾殘局，這也是你必須負的責任。不要去在乎別人告訴他們的認知是如何，若是有誤解，拋出你的看法，這樣就夠了！

能了解的人自然能體會，不懂的人就讓它去吧！我們無法再回到過去，那些痛苦的往事相信你也不想重來一遍，只要記得別再犯同樣的錯誤，從中讓你學習，並看透許多的真相。

你不需要為過去乞求原諒，重點是你現在做了什麼？善待那些曾經對你好的人、遠離是是非非的人物，就是對過去那段錯誤做了最好的澄清了呀！

暗黑中，望見
最美麗小事的練習

你已經浪費太多時間在那段失敗的生活，未來更不需要浪費時間在上頭，否則就是在損耗你自己的生命。

007

真正的寬恕，是放過「自己」

說到一個人最難做到的，就是寬容。有時我們不僅是原諒別人，也要饒恕自己。我們很容易對一些小事斤斤計較，卻看不到後面更寬廣的世界。那不只是將我們的眼界變小，同時也阻礙了許多可能性。

憎恨似乎比寬容來得容易，越是去鑽牛角尖，我們越難從傷痛中走出來，像是把自己擠進狹隘的縫隙，跟痛苦斤斤計較，把自己推向深淵。你可能會說：「對方這樣傷害我，我怎麼可能原諒他呢？我又不是神！」

的確，沒有一個人可以度量大到去原諒一個傷你至深的人，他可能破壞了你原本的幸福，讓你失去生命中最重要的東西！但是，你至少可以做的是：放過自己。

當我們滿懷憤慨，那些怒火會毀滅了我們的理智，做出衝動的決定，影響了我們正常的生活。而你應該做的，不是去仇恨，而是試著回到生活常軌，把失去的先找回來。

若是一股腦投入在那些怨恨當中，對自己反而造成更大的傷害，甚至永無止盡。

如果我們無法對往事放手，就很難繼續前進。和過往不斷糾纏，只是讓我們停滯，乃至延續那些痛苦，對自己一點好處也沒有。

如果你已經失去的夠多了，還需要這樣折磨自己嗎？對於我們的憤怒，如果可以轉換成另一種力量，促成自己的改變，重新建立新的目標、新的希望，總比繼續跟往事糾纏下去對你有利。

我們應該更懂得愛自己，就先從放手開始。放下心中的糾結，不要為此繼續責怪自己，你還有更好的明天在等著你。要相信一個加害者其實並不會過得比你還好，因為他才是最可悲的人——帶著惡意的念頭，相信也不會過得多好。何必再跟這種人繼續淌混水，這樣只會再掉入對方設好的陷阱，讓對方因為你的痛苦而更加洋洋得意。

不管對方真的是無心還是有意，那已經不重要了，重要的是你的下一步該怎麼走。我們可以從不幸中檢討自己，但無須太過苛責，因為當時的你無能為力，但未來你已經學到更好的處理方式。

那些不幸將會因為你的放手而做一個了結，你也因為通過這個考驗，而變得更加堅強，這才是對你最好的事。

和過去說再見，放過自己，也放過別人，這麼做對你的好處遠比壞處多，猶如柳暗花明又一村，你將看到光明美好的前景。

暗黑中，望見
最美麗小事的練習

對過往滿懷怨恨，就是在跟自己過不去。

008
換一個全新的環境

為什麼我們始終會被曾經發生過的狀況耿耿於懷，像是被困在高塔裡怎麼也走不出來呢？

重點在於環境——因為你周圍的事物會一直提醒著你，包括你經過的地方、接觸到的人，或多或少都跟過去有關。那麼，你怎麼能從這些回憶中逃脫呢？

秋香因為和同事的感情告吹，連帶的也讓她離開了原本很有發展的公司。正當她為同時失去兩樣生命中最寶貴的東西而痛苦不堪，好不容易她想振作起來，原公司的一群朋友卻經常不斷地提醒她。

「唉！妳知道妳前男友的那個朋友現在怎樣了嗎？」

「啊！妳知道妳離職之後，那個原本不如妳的王小姐居然升官了。」

或許他們是出自好意，表達一些關切之情，以為秋香會很想知道離職後公司內部的狀況，卻沒想到這些「善意的關懷」卻是一再觸痛秋香內心的傷口。「我都已經為他離職了，放棄了最愛的工作，難道這些人還不能放過我嗎？」秋香心中無奈的喟嘆。

原本以為能從友誼中得到些許安慰的她，反倒因為朋友們三不五時的「提醒」，把她不斷推回那段慘烈的過去。這個故事到底什麼時候才能終結呢？最後她選擇遠離那個是非之地，來到另一個城市重新開始。漸漸的擁有了一群新的朋友圈，秋香才逐漸平息內心的創痛，重新整頓自己的生活。

雖然她必須重新適應，也經過一番掙扎，但最後證明這樣的決定對她還是最有利的。

當發生類似狀況時，那正說明了你處在一個不適合的環境。無論是生活跟人際關係都會一直把你拖住無法前進，就算你想忘卻，身旁的人卻不斷地提醒著你，就像是一場歹戲拖棚的連續劇，不知何時是終場。最好的方式就是換個環境。當離開那樣的氛圍，你才有可能重新振作，找到新的目標。

離開，不是意味著跟過去斷開連結，而是給自己一個新的機會。因為新的環境可以為你帶來新的刺激，無論是重新適應新的人際網絡或是開啟新的生活圈，都能分化掉你原有的注意力，讓你沒有時間為過去悲傷，遠離那些不愉快。

來到一個新的地方，也有助於你跳脫開來，能夠更客觀清晰的思考，重新檢視自己犯了哪些錯誤，又有什麼要改進的地方。旅行是一種方式、移居也是，就看你選擇哪一樣，這都對你的未來有很大的幫助。

這並不是意味著你將永遠斷開那些老友，而是當你整理好自己，當你能重新面對時，就會有全然不同的心情，也許這還能促成你開拓另一番天地呢。

這時，回不回去都不重要了，你已經擁有全新的生活。

離開並未必是件壞事，說不定是給自己開創另一條更美好的道路。

009

沒有人是輸家

某一次參加老朋友的聚會，發現有些人老是在重提往事。當往事一幕幕浮現，對方開始絮絮叨叨聊著過往的風光，曾經備受矚目的風采，剛開始大家還很有興趣地談論著，但當所有人開始抽離那份回憶時，唯獨那名老友還一直停留在原點，不斷想證明當初的自己是多麼受歡迎，被多少多少人追求過。對方還沉浸在那段年少時光，已經分不清是幻覺還是現實了。

當然令人值得回顧的，往往是我們認為最風光的日子。但是當時我真的很想提醒對方，那都已經是八百年前的事了，現在你是什麼樣子才是重點。當你不斷提「當年勇」，是不是某方面在「告訴」別人，其實你現在過得並不如意呢？

人都會追求最美好的，如果你最美好的停留在「往昔」，那麼現在就是提醒你應該深刻檢討了，而不是一直躲在回憶裡醉生夢死。

雖然人生中總有那麼一段時光我們會很想留住，但同樣也會有一段過去是我們會很希望抹去的。雖然曾有共同的經歷，在不同人身上可以有兩樣情，然而過去的你並不能代表現在的你，一個懂得讓自己不斷進步的人，無論過去發生過什麼，都不會影響現在的生活。過去那個你的確曾經存在過，但並不代表現在的你必須是那時候的「印象」。回憶不一定全數美好，端看你如何面對。

把那些痛苦當作一段歷程，是激勵你追求更好明天的墊腳石。因為你曾經經歷過，因此不想再來一遍，你會更懂得避開造成不幸的原因。在這一部分你早已經準備好了，這是不曾歷經苦楚的人所不懂的。

那麼有幸在很早的時候就擁有幸福的人，他們沒有這些受苦的經驗，在這方面還輸你一大段呢！誰知道將來的他們會不會經歷像你曾經受苦的過往呢？這一切都很難說，而誰才是幸運者？將會在未來證明。

過去的不幸並不能證明你就是個輸家，反而讓你更有危機意識，你的步伐將更謹慎，慎選你所愛，也會更懂得趨吉避凶。因為沒有什麼值得你誇口的過往，反而會讓你更想在未來創造出美好的願景。所以誰說過去的不幸，就注定未來也不幸呢，不為過去所牽絆的人，才是最大的贏家。

回憶並不能改變什麼，未來才是你可以掌握的。

010

花非花，霧非霧

波普說：「人生像曲曲折折山澗中的流水，斷了流、又滾滾而來。」

所有的生活都是過去的延續，你所踏出的每一步，也都牽動著未來。誰不是一開始都懵懵懂懂而來，你所結交的朋友、你所選擇的工作，還包括你對金錢的態度。有時我們總得要失去了才會驚覺當初踏出的一步是錯的。

我們所以成為現在的你，都是靠不斷摸索而來。就像一個孩童，不管父母保護得再好，告訴他不能去碰什麼，但是單純的孩童還是會忍不住會去嘗試，直到被燙到了、跌疼了，才知道什麼事該去避開。

親身遇到的事情，遠比在一段距離外霧裡看花來得真實。不管別人告訴你千百遍，還不如親身去體驗，因為你會對他人的提醒抱持著懷疑的心態，唯有自己走過才能深切體認，當初別人的提醒是否有它的存在價值。

美鳳跟許多人一樣，有時會面臨人生重大的選擇，當她有機會被派駐到國外升官時，剛好也面臨到感情上的選擇：她該跟男友結婚，還是為了事業放棄婚姻。

當時的男友是朋友眼中不可多得的好男人，兩人已經牽手走過七八個年頭，對方父母覺得兩人年紀都老大不小了，開始催婚，但是先前條件當然是不得離鄉背井。

美鳳的內心左右為難，找了許多朋友聽她們的建議。當然多半人是建議她留下，尤其以女人的觀點會認為幸福比什麼都重要。

最後美鳳還是選擇出國了，她飛向另一個世界追求她的天地，想當然爾，那段感情也就無疾而終了。多年後，美鳳如願升任經理，期間也交過幾個男友但都無疾而終。當她提到：「我再也遇不到像他這樣好的男人了！」語氣中有些感傷和無奈。所幸事業成功彌補了美鳳感情上的缺憾，反倒是許多當初不贊同她出國的人，非常羨慕她成功的事業呢！

沒有事情是完美的，你不可能「魚」與「熊掌」兼得。我們必然得到某個好處也會失去另一塊。在天秤的兩端你只能選擇一邊。而每個人的需求不同，選擇也會有所不同。

就像籠裡的鳥看籠外，羨慕著外面的飛鳥如此自由自在，但外面的鳥兒卻羨慕籠裡的鳥不愁吃喝，也沒有遭遇天敵的危險。你覺得自由好、還是穩定好呢？

無論選擇那一邊，我們都會覺得不滿足，唯有選擇最讓你不覺得遺憾的那一個。

當決定前進了，就不要再回頭，畢竟那是你選擇的人生，至於幸與不幸，就在一念之間了。

適合別人的路不一定適合你，選擇你所要的，才是屬於你的幸福。

011

不要在垃圾桶裡找答案

近來因為搬回老家而跟過去有了連結，我說的過去，可不是什麼愉快的歲月，而是我最痛苦的青少年時光。那時因為家庭因素過得很不快樂、非常自卑。因為缺乏自信，很容易被「控制」，包括那些你討厭的人事物，像是無從選擇般照單全收。

當然，再厭惡、不想回顧的人們（包括家人）也曾經會有短暫的美好時光。但整體而言，你會發現成長之後，那些微小的火光是不足為外人道的。因為你擁有了更多，也接觸了更好的人之後，就會逐漸把那些跟你不對盤或是曾傷害你的人遠遠拋開，因為你遇到更契合的朋友、更真切的情誼了。

但曾幾何時，忽然又掉進過往的陷阱當中，而忘了當初丟棄的理由，你以為尋求的是一種安慰劑，但很遺憾的其實只是不小心又跌進過去的陷阱中。

生命如此短暫，真的就不要在過去的垃圾桶裡找答案了！那是只走回頭路，真的對自己未來不具特別意義。你只是跟那些「過度濫情」的人們，玩著一場虛假的遊戲。

我們不能用現在的想法去對待過去認識的人，否則只是讓自己沮喪而已。當然我也無法回到過去那種自己都厭棄的唯唯諾諾，繼續面對昔日同樣的那批人，再痛恨自己一遍。

一度忘了我是那麼酷愛自由的人，那麼為什麼要讓那些思想觀念完全不對盤的人來左右自己現在的人生呢？

於是我開始懂得拒絕，不會因別人過度的熱情，而覺得欠對方什麼。因為，別人並不能來代替我的感受，那些令他們感到愉快的人事物，未必我有相同的體認。

只能說年紀越大人變得越功利現實，你不用強迫自己去配合別人，別人有別人的算計、你有自己的考量，雖不至於要變得跟別人一樣現實，但保護自己卻是一大前提。

不要把回憶當現實，而是當作你現在的警惕。

012

征服未來

我們如何看待過往，其實也代表會有什麼樣的未來。被往事牽著鼻子走，總是在過往的回憶醉生夢死，並不能帶給我們任何好處。尤其那些傷痛的過去，反倒影響我們走向正常生活的步調。如果無法擺脫那些傷痕，對自己是一種折磨。

過去種種譬如昨日死，讓自己從失意中振作起來，未來才有機會。與其傷感還不如檢討：到底是那些缺點才會導致失敗的結果。認清這一點，我們才能有所改變。把過去當成前進的墊腳石，一步一步更踏實的迎向未來。

千萬別讓那些挫敗阻饒了我們，沉溺在記憶裡的憂傷，消磨了我們的志氣。那些刻骨銘心都已成過去，我們無法否定過去的存在，卻也無須讓痛苦成為一種延續，毀了我們的將來。

挫敗可以讓我們培養出堅韌的性格，千萬別白白受苦，反倒是應該化悲憤為勇氣，才能讓失去的顯得更有價值。想想，就算再大的風雨也會過去，我們還是能熬過來的，即使滿目瘡痍，但只要你依然挺立，那就是你該啟程的時候。

喬治威爾說「能控制過去的人，必能掌握未來，能掌握未來的人，必能征服過去。」

不管那些風風雨雨，要扭轉情勢還是必須靠自己的努力。就算再多的不諒解、你所鑄成的大錯，都是有補救的辦法，問題是你願不願意往前看，當下行動去改善。

這就像扭轉一個人的形象，我們必須為犯錯負責，不僅付出應有的代價，還包括我們能做什麼樣的努力？是繼續待在原點，還是可以讓自己變得不同。

我們最難原諒的是自己，只有過了自己這一關我們才能邁向下一步，因此如何克服心理障礙，就從面對問題開始。

想想所有偉大的成就都是經過一遍又一遍的失敗，而堅持到底的人才是最大的贏家。因為墨守成規容易，突破自己卻很難，那需要很強大的意志力去支撐，最後的結果依然是值得的，因為那些痛苦的失敗反而會成為你最好的養分，是你在未來避開挫敗的智慧。

從經驗中學到的教訓，比你聽別人重覆一百遍來得管用，那是你必須付出的「學費」，一旦學到的東西別人永遠拿不走。

往往別人告誡我們的話，我們容易當成耳邊風，直到要自己走過一遍才能證明誰是對的。那些失敗是警示也是提醒，不是讓你打退堂鼓。因為經驗讓我們更能掌控問題重心，越多次的教訓之後，我們也將更得心應手、輕鬆過關。

暗黑中，望見
最美麗小事的練習

失敗不是逃避的藉口，而是你最好的導師。

第五章

你的人生意義，由你決定

001

人生只有一次，去做喜歡的自己

生命最重要的不是跟別人比較，而是跟自己競賽。經常要問自己：你有比以前過得更好嗎？你的思想行為變得更成熟了嗎？當你面臨同樣的問題，是否已經懂得如何處理了？

所有的經歷都是一個過程，我們在過程中能學到什麼，才是最重要的。因為一路走來你歷經不少歡笑淚水、成功與失敗，如果我們能給自己一個承諾，相信你會越過越好，那麼就不枉費曾經失去的歲月了。

時間可以讓很多不愉快的事情淡忘，也能教會我們用成熟的態度去面對問題。經歷是幫助我們成長，而不是墜落。年輕時，我們多少都會替自己設定目標。有些人走在夢想的軌道上，但有時候我們會不小心走偏了而不自覺。這時若沒有幫自己找回初心，可能會枉走一大段過程，甚至無法回頭。

回顧過往是為了修正自己，每個人都有迷惘的時候，社會上更是充滿形形色色的誘惑，如果不是有足夠的自制力，你可能會一頭栽下去背離了初心。

我們都希望能過得更好，但「好」的定義很多。也許你以為自己已經夠好了，但一不小心又被人比下去了。如果生活是無止盡的比較，這樣會不會太累了呀？

不如做一個跟自己賽跑的人，不需要用別人的成就來打擊自己，那樣一點意義都沒有。重要的是替自己做出規劃，一步一步達到你想要的目標，即使那樣的目標在別人看來毫不起眼，但那是屬於你的成就感。

羨慕別人不如替自己做出規劃，畢竟人生屬於自己的，不需要跟任何人比較。秉持著平常心，其實你的收穫會更多。

你需要的，只是給自己一個承諾：今天將比昨天更好、明天也會超越現在的自己，當你驀然回首將會不知不覺發現，其實你已經超越別人一大截了。

做一個跟自己賽跑的人，而不是愛比較的人。

002

你用什麼來衡量現在的自己

發現人越長大越愛攀比，而且攀比的東西越來越多，尤其是在各種聚會中，或多或少都會碰到這種互相比較的心態。

「我老公買了什麼包給我。」

「我最近才去歐洲旅遊呢！」

「我的小孩這次考上了建中呢！」

這樣的聚會彷彿成了攀比炫耀大會。位於上風者洋洋得意，屈居下位的總是尷尬難堪，覺得比不上對方的條件，相形見拙，甚至開始埋怨自己的人生，覺得好像矮人一截似的。

奇怪的是這些應該讓朋友以他為傲的成績，為什麼後來卻成了挫敗他人的言論呢？這無非是一種炫耀的後果，原本想讓人羨慕，沒想到卻遭致反效果。

每個人的際遇不同，或許若干年後你發現自己的成就不如同儕，財富也沒有別人累積得快，那麼這就讓你覺得自卑了嗎？

其實大可不必氣餒——有沒有發現：越是愛炫耀的人，往往都是些言語無趣，沒什麼深度的人。因為沒有什麼內在可以吸引別人的注意，也只有用一些外在的附加條件來自我昇華了。

往往自卑的人喜歡在群眾裡招搖。你會發現真正有成就名聲的人反倒是比較謙卑，他們還巴不得可以躲在人群之中不被發現呢。正因為他們本身就很引人注目，能低調盡量低調，還需要刻意宣揚嗎？

這就不得不提到所謂人生的「價值」了，如果以佛家的講法，就是每個人來世上都有他要完成的「使命」。不扯這麼虛無的話，簡單解釋也就是你有你個人的天賦，有你所適合發展的方向，這些並不是用權勢財富來評斷的。

社會上需要形形色色的工作才能完成各方所需，如果每個人都去當暴發戶，請問誰提供食物、生活必需品呢？就像是一個沒有優秀員工的老闆，你認為他會怎樣呢？即使我們只是工廠裡一個小小的螺絲釘，也有其存在的價值。所謂的名利背後付出的代價，恐怕不是你我所能了解的。

也許你擁有的正是別人所羨慕的，只是你沒注意而已。做個踏實的人，也有踏實的好處，所謂高處不勝寒，很多事情如人飲水冷暖自知，不需要特別去羨慕及仿效。你怎麼衡量一個人，就像你怎麼看待自己的價值一樣。

許多的夢想不是金錢所能換取的，更不是以物質就可以取代的。在得與失之間總會有它的平衡點，就看你是否能領悟。

有些人失去賺取大把金錢的機會，卻得到更豐富的生活體驗；有的人錯過了婚姻，但換得了更多的自由，在現代這個多元化的社會，誰說一定必須遵循著老掉牙的世俗標準才叫作「成就」！

相信每個人都是獨特的，如果願意放下身段來傾聽，你會訝然發現其實每個人的生活都有其精彩之處，就看你從哪種角度去欣賞了。

當你開始喜歡現在的自己，比以前更有智慧、更懂得體貼，那麼你生命的價值就在這裡，那也是你「炫耀」的本錢。

所以你是怎麼衡量一個人，就像你怎麼看待自己的價值一樣。

003

是誰被寵壞了

我們不得不承認，世事多變化，很多過去是富家少爺、千金小姐，很可能一夕之間被打入凡間。那些曾經備受呵護寵愛，不知人間疾苦的人，一旦轉變成普通人的生活，反而會很難適應這之間的落差。

一路勤奮努力過來的人在面對各種狀況，反而更懂得適者生存的道理。因此當你拿過去跟人比較，其實是忘了現在的你有多麼的幸運。

人們都很容易因環境而改變。一個脆弱的人能因為環境的淬鍊而變得堅強。當我們長久處於安逸的環境中，自然而然會失去許多生活上的能力，這才是最令人堪憂的。太過於受保護的人，早已有著被寵壞的心態，一旦面對困境，反倒讓自己喪失應變能力與生存能力。

沒有歷經坎坷的人，是不會了解對生命的熱忱，也難以體會到真正的幸福所在。這就像是黑暗之中，只要一點微弱的燈光，就顯得格外亮眼。你必須了解所有生命的歷程都有其意義，重點是教會了你什麼，而不是你失去了什麼。

如此看來，一路走來不太平順反而是一種幸運，因為一路走來坎坷艱辛，反倒讓我們兢兢業業地面對各種挑戰，努力不懈地學習各項生存技能，面對這個複雜的世界更懂得如何應對進退。因此我們的生命力更強，更不容易被挫折所擊倒，也更能以同理心去關懷他人，而不是揶揄奉承。

因此，不要對過往的挫折有所怨懟，這世界本來就是公平的，不經一番寒徹骨，那得梅花撲鼻香。

生活中不是每一件事情都能依照著我們的心意進行，有太多突發狀況橫阻在前，需要靠我們的智慧去解決。每當我們解決一個問題，也等於往前邁進了一步，這與長期處在溫室裡備受呵護的花朵不同。你該慶幸的是有這麼多幫助自己成長的機會，而不是自怨自哀埋天怨地的。

這是身處安逸環境裡成長的人所體會不到的，那些看似「天之驕子」，反倒是像被寵壞的孩子，對於環境應變的敏感度低，稍微一些風吹草動便受不了壓力而亂了陣腳，甚至逃避崩潰。

不要拿你的脆弱當藉口，也別奢望有人能當你的擋箭牌，因為人最安穩的依靠還是自己。靠自己的實力爭取而來的江山，這是完全屬於自己的。昔日那些挫折傷痛只是人生階段的小小考驗，而不是你人生的阻礙。因此就算未來你的生活變得優渥富足了，也別忘了居安思危，千萬不要把自己寵壞，讓自己失去獨立的能力喔！

不用羨慕別人富裕的環境及備受呵護的人生，或許挫折與苦痛正是為了造就你未來幸福的小小試煉。

004

認清自我

尼采說：「生活是一面鏡子，我們夢寐以求的第一件事情就是從中辨認出自己。」

你是否發現我們經常會不知不覺被人牽著鼻子走，從小到大在父母師長的期望值下長大，出了社會又被普世價值觀的壓力包圍，迫使我們做出選擇。結果很多抉擇並非發自我們真心，而是迫於情勢與無奈而做出的決定。於是我們心中不知不覺產生一種抗拒，甚至在生活中出現許多挫敗的狀況。這時無不感到壓力一波波襲捲而來，讓人摸不清方向，覺得自己像是別人的傀儡一般。

這樣的挫敗感，其實是檢視自己很好的機會，你不妨捫心自問現在的這一切究竟是不是你想要的人生，還是因為無從選擇而不得不將就的人生呢？

老是以一種「被害者」的角度，去看待自己的失敗，其實對你沒有任何助益。就算是被人慫恿，但其實願不願意去做，決定權還是在自己手上。那些挫折只是提醒自己的自制力還不夠，才會誤信他人的言詞鑄下大錯，最後的根本還是自己的問題。

一方面在於我們缺乏自信，一方面也可能自己搞不清楚到底要什麼，因此容易受到他人的影響，與其責怪別人還不如怪自己，當作未來行為的借鏡，讓你可以認清事實。

我們常常會不知不覺掉入別人所設下的陷阱裡，不知不覺受到他人左右而失去自覺。太多人處心積慮想控制別人，他們口裡的「為你著想，為了你好」，其實大部分是為了他們自己的利益。而我們從中得到的教訓，正是你最寶貴的經驗，讓你更懂得去辨別哪些才是真正適合你、符合你的看法。

我們常發現，那些年輕時比較叛逆的人，反倒較能走出自己的路。因為這類人早知道自己想要什麼、不要什麼，勇於對抗強加在身上的枷鎖。在別人眼中他們是

「頭痛人物」，但對他們而言卻是表達自我的一種方式。

別人眼中的「乖」並不能真正代表你，因為自己的問題還是得自己承受，別人無法幫你解決所有困難。逆來順受不是你想要的，那你就必須去爭取，運用你的智慧去獲得你想要的。我們會發現自己擅長的，往往不是別人告訴你的，而是靠自己去發覺。

如果經常在一條路上感到挫敗，很可能你選錯了方向，無論是感情或事業。事情往往不如表面所見，背後還傳達著另一層深意。

我們只有不斷回頭檢視，才能慢慢理出一條線索，作為日後修正的標準。如此才能慢慢找到真正的你。一旦遇到對的人、對的事，那麼所有問題都將迎刃而解，那才是真正屬於你的能力。只有這樣，你才是真正做自己。

每個人都是從摸索中成長，或許不小心受了傷，但這些都是幫助你更了解自己的過程。

005

即使失去了全世界，也別失去你自己

有時悲劇會像連鎖反應，當一件不好的事情發生，衰事跟著接連不斷。你或許可以怪罪運氣不好，但是不是也代表著你那時正處於混亂的狀態，對許多事情都無法做出明確判斷，才會衍生出那麼多麻煩。

如果我們無法讓悲劇止血，任何可能的狀況都會發生，你的生活將整個被拖下水，陷入比原本更糟的狀況。

是不是有時經過一段時間，當我們遇到過去的老友，會訝然發現對方已經不是你所認識的那個人了。怎樣也無法把過去的印象，和眼前這個人聯想在一起。對方已經全然像個陌生人，或許對方還不自知。的確，人心是會改變，問題是變得更好還是更壞呢？

想要一直保有那個原來的自己，的確不是很容易的事。這世界有太多的誘惑，太多複雜的因素會讓一個人逐漸改變模樣，這不只是外表，還包括心智。如果我們沒有回頭去看，很難比較現在的你跟過去有什麼不同。

這像一種迷失，所有人都看得清楚，只有自己陷在裡頭。因為一次的挫敗而毀了未來的人生，怨天怨地、怨全世界，卻完全不會怪到自己頭上。這或許是很多現代人的通病吧！

這宛如走在迷宮中，我們以為可以順利抵達終點，但一念之間拐個彎，你又陷在裡頭。你認為是隨波逐流也好、別人欠你的也好，但一旦失去了原則，你就像一艘迷航的船隻，永遠找不到方向。

但一路走來，你還在，不是嗎？我們必須堅信無論遇到任何困難，真正的自己從未改變，改變的只是外在環境。只要相信凡事必有出路，那一點挫敗算不了什麼，不會這麼輕易擊倒自己的。

唯有保有自我，釐清自己的思緒，才能找到出路，遠離紛擾。因此不管你失去了什麼，受到了什麼重大打擊，千萬別改變你所堅持的信念，記住保有初心，因為那是唯一可以拯救你，讓你不迷失方向的舵手。

失去了自我，你將如迷航的船隻找不到未來的方向。

006

你值得被珍愛

很多時候，你的付出與回收處於不對等的狀態，你認為自己很努力去維持一段關係，或是一份事業，卻搞得心力交瘁，甚至看不到未來。

任何人都有判斷失誤的時候，你以為可以傾注一生的感情，到頭來卻發現「所託非人」。等你發現真相，卻為時已晚，因為已經付出了太多的青春歲月與大筆金錢，你認為一旦撒手將一無所有。然而你真的會失去一切嗎？

正因為當時的你，陷在那樣的泥沼進退不得。你感覺自己被剝奪了，眼前的人像巨獸般要將你吞沒。

事實上，真的沒你想的那麼糟！任何損失只要你設下一個停損點，都可以重新開始。你認為失去的歲月、金錢、情感，並不一定全然是浪費的。等你能夠走出來再回頭看，會明白自己錯在哪裡？什麼是你性格上的弱點？這些都將是你寶貴的經驗，是沒有人可以告訴你的。

你必須了解人的天性總會去依賴一個強者，當有了靠山、一個凡事不用愁的穩固後台，就逐漸會豢養出一個無能的傢伙。

你認為自己的付出應該有所回報，但對方的內心卻不是你可以控制的。既然無法得知他人內心的想法，或是所託非人，對方一開始就已經抱持吃定你的心態。剛開始所有的行為都是一種假象，是你願意跳進那個陷阱裡，怨不了任何人，自己也得負一部分的責任。

你一開始就沒有考慮，所有的付出其實會成為一種縱容，讓對方得寸進尺。一旦付出成為習慣，又怎能要求對方依循你的想法去改變呢？

這就像被父母寵壞的孩子一樣，你只是塑造出另一種「媽寶」——你基於愛，所有事情一肩扛起，漸漸地，被照顧的一方習慣於你的照顧，認為即使天塌下來有你頂著，你全心全意付出卻得不到對方絲毫的感激之情，對方覺得一切都是理所當然的。這並非全然是對方的錯，你也需要負點責任。因為你忽略了自己，忘了多愛自己一點。你沒有留點空間讓對方付出，又怎能怪別人無視於你的辛苦呢？

有一種無怨無悔的付出是父母，既然你不是某人的媽，又何必把對方當小孩一樣，凡事都替他準備好，讓對方依賴成性。

一個愛自己的人必然能贏得尊重。你把自己當成什麼角色，就能改變別人的看法。凡事都是需要先從本身做起，才能夠影響別人。過去的混亂，只證明了你對自己的原則沒有把握好，才讓別人為所欲為。

因此，從現在開始告訴自己，你需要被珍惜，因為你值得。凡事用這個觀點出發，必然會慢慢改變你的生活，讓你重新贏得肯定，也吸引更多愛你的人。

不是所有付出都能得到回報，也不是所有的付出都能得到感激，學習多愛自己一點，才能吸引更愛你的人。

007

平復自己的方式

歲月教會我們的，是在面臨任何困境時，我們能泰然處之。當你羨慕著為什麼有人面對困境依然能保持冷靜，看似簡單，但沒有經歷過大風大浪的人是很難有這種態度，這就是一種經驗。

但也未必所有歷經波折的人，都能有同樣的智慧跟高度。這差別就在於我們能從教訓中學到什麼。

這不是一朝一夕可以達成的，你必須找出平復自己的方式，那些可以分散你注意力的事情，是最快讓你脫離不愉快的經驗，然後冷靜分析出一套屬於自己的人生哲學。

詩人羅賽帝說：「忘了它而微笑，遠勝於記著它而痛苦。」

當我們對曾經發生過的不幸能以豁達的態度去看待，就表示你已經走出來了。說起來容易，但相信每個當下遇到挫折的人，都很難泰然處之。這就是一種學習的過程，當我們從過去學到了經驗，再憶起往事，所帶給你的又是另一番心境。

從剛開始的傷心難過，到後來能以旁觀者的立場，更客觀看待整件事情，這才是一種處理的態度。

把自己從情緒中抽離出來，你可以有很多做法，像是你有某方面的興趣，正好趁這次機會找回來，有一直想見卻沒時間接觸的朋友、你想創業、出去旅遊等等，只要能力可及，找回那些被你擱置的願望，以實際行動去完成。

因為那些曾經是你喜愛的事物，能很快分散你的注意力，讓你能以愉悅的方式去紓解痛苦的記憶。抑或是去運動、散步，還能讓你變得更開朗健康。相較起來，一直惦記著痛苦往事，是不是顯得非常傷神又浪費時間呢？

平復自己的心情是如此重要，因為一旦冷靜下來，你的理智才能恢復，才能帶給你更清晰的思考。我們要從心情上轉變並不容易，先從轉移焦點開始，等你從其他方面得到心靈上的滿足，再回頭看看過去，那時候的想法又會變得不同了。

如果我們可以將痛苦的回憶抽離，無形中也改變了未來你對人生的態度。面對那些風風雨雨你將更知道如何面對，因為你知道有更多夢想等待你去完成，你不會陷入那種封閉的情緒當中。沉靜下來，能讓你更明智的處理各種難題，這就是「成長」。

懂得如何從苦難的回憶中抽離，是一種訓練，訓練你成為一個更睿智的人。

008

不要病急亂投醫

說了那麼多朋友的經驗，來說說自己好了！跟所有人一樣，我也有歷經挫折的時候。記得那年發生的問題，是我過去從未遭遇過的，也是生命中一次重大的挫敗。因為一次誤判，讓我幾乎失去之前辛苦建立起來的成果，生活簡直是一敗塗地。

這時出現了一位「朋友」。說穿了他當時只不過是個一直有聯絡的友人，稱不上是什麼「拜把之交」，或是可以談心的人。但當時自己就像是一個即將溺水的人，急於攀住一根浮木。而他願意傾聽，逐漸成了我精神上唯一的支柱。

結果是：比低潮還要低潮，你會發現不幸像是無底洞一樣，你永遠不知道有多深、盡頭在哪裡。如果你失意時又碰上一位「損友」的話。

當年因為經常跟這位朋友聯絡，不知不覺開始聽信對方的話，於是做錯更多的決定，讓我摔得更重。直到慢慢遠離這位友人，狀況才慢慢好轉。

這教會我什麼？就是千萬別在脆弱時找錯朋友，尤其是精神寄託在一個蠢蛋身上。

這就像「病急亂投醫」一樣，你急於抓住一個支撐的力量，卻失去了辨別能力。只是因為對方願意傾聽，不會因為你犯的錯而責怪你。你不會知道，也許那個你原本不在意的「朋友」，其實只是為了想接近你，但對方並沒有辦法幫助你，反而胡亂給意見，讓你一錯再錯、錯得離譜。

在我們失意時，的確更需要朋友，任何時候都比不過這時候能有個依賴的對象。但任何時候也比不上這時候，你更需要一個真正的好友，不僅能在精神上支持你，在生活上也能給予中肯的意見，而不是亂給意見的人。

如果你未必身邊有這樣的朋友，這時你更需要擴展自己的人際圈，去認識更多的人，才能從中選擇。這並非是要你碰到每個新舊朋友都訴苦一番，而是擴展自己的生活圈，不至於一直陷在裡頭走不出來。

如果你不靠自己站起來，真的沒有任何人幫得了你。這時你所接觸的人跟環境，更有必要是對你生活加分而不是減分。

你在低潮時所遇到的人，更容易讓你看清一個人的真面目。讓你知道誰是益友、誰又是損友，當然還包括了「酒肉朋友」。這不就是一種經驗嗎？好友值得我們珍惜一輩子，而那些只會引導你判斷錯誤，想藉由控制你而達到某種目的人，最好當下拔腿就跑，免得繼續沉淪下去。時間拖得越長，你只會傷得越重。

我們身邊多多少少存在著心懷不軌的人，別在脆弱時隨便抓住一根浮木，那只會讓你摔得更重。

009

你沒有特別偉大

現代人犯的最大毛病就是：覺得自己很棒，這世界沒有你不行。這樣的自我感覺良好，導致我們在很多方面的失敗，無論愛情、職場、人際關係都可能發生嚴重的問題。

當我們過度「自我感覺良好」時，就犯了一個故步自封的毛病。凡事以自我為中心，以個人的感受出發，而不顧及週遭環境的變化，因此等你發現：為什麼別人的反應跟我想像有落差？其實與其怪罪別人、怪罪環境，還不如捫心自問，是不是犯了太過自我的毛病。

有些人對於別人的指責，會拚命為自己找藉口，認為「我不是一個驕傲的人呀！」。但很抱歉，無論你如何放低姿態，言行舉止早已透露出強烈的個人意識，不管你裝得再謙卑也會被人一眼看穿的，因為你本質上沒有改變。

我們常常發現「自大」是許多現代人的通病，有些人誤以為那是展現自信心的方式，因此遇到問題不先觀察情勢，而是以自己的認定去判斷，覺得沒有人可以超越自己，自己所有的想法都是對的。這樣又陷入一種封閉的思維，而不是真正的「自信」了。

過度放大自己，認為比別人聰明、比別人看得清真相，把自己當成「神的境界」，其實才是真正迷失了自我。

自大正好反映出另一種自卑的心態。因為越是自卑的人越希望得到別人的認可，在他生命中不容許一點點的雜音。那些批評的話語不僅僅遭受到排斥，甚至會被當事人大力抨擊，用許多藉口去證明對方是錯的，只有自己最對！

這也證明了一種心胸狹窄，讓人變得愛計較。常常對小事過度反應，造成認知的錯誤。我們發覺現今社會常常有許多人會有很莫名且過度的反應，譬如容易動怒、為小事斤斤計較、老是活在自己想像的世界跟現實脫節等等。

因為過於以自我為中心，聽不見別人中肯的建議，漸漸地只接受那些拍馬屁的言論，覺得那才是一種肯定。只要稍微聽到任何反對的聲音，就會覺得晴天霹靂，非得跳出來極力反抗才行。如此一來，如何能明確的判斷是非呢，這樣的性格遭致失敗的人生，也就不難理解了。

海涅說：「我們從錯誤中學到的，往往比成功學到的多，那些從不犯錯的人，可能永遠不會有這種發現。」

當你回頭去檢視生命中的挫折，會發現經常不是問題本身的困難，而是我們犯了「自大」的毛病，不是嗎？挫折是一種提醒，讓我們改正自己的個性，更懂得傾聽，認識自己的不足，讓自己更有智慧，處事變得更圓融，下一次同樣問題出現時，才不致犯上同樣的錯誤。

有人說：「性格決定命運」，只要我們學著用更寬廣的心去接納不同聲音，你會發現真正的自信來自於不怕承認錯誤，而且可以及時調整方向。

在檢視他人的問題之前不如先問問自己的態度，是否在哪個環節出問題，才能改變未來的命運。

010

捍衛自己的人生

有的人就是人很喜歡往事重提、揭人瘡疤，遇到這樣的人，你該如何自處？

過去的回憶有美好的，也有令你不想碰觸的，你無法否定曾經歷過的創傷，卻也無法封住別人的嘴，。但你也不需要一輩子背負那些罪惡，讓身上沾染著洗也洗不清的髒污。

因為不愉快的過往，顯示我們當時的脆弱，才導致誤判情勢，做出對自己最不利的舉動。但是經歷了這些，傷口總會結疤，你也會從中得到教訓，這時的你應該更為堅強，對於那些試圖再用同樣事情傷害你的人，又怎能輕易被擊倒呢？

對於過去的天真，或是受到「魔鬼的引誘」，你都已經學到了教訓，接下來你要學習的就是更懂得保護自己，讓自己成為強者，而不是讓人可以隨意糟蹋的對象。

因此面對那些是是非非的言論，根本可以一笑置之。這就是最好的回應。根據過往的經驗，你應該知道自己該做什麼，又該避開什麼了。

於是我們常發現那些最堅強的人，往往是從許多挫折中走來。因為一路走來的坎坷教會他們，只有讓自己變得更強壯，懂得保護自己，才能在未來的路途中不要再被傷害。

有太多人會說「聽我的就對了！」、「我不會害你的」事實上呢？往往越會口頭保證，越會害你摔一大跤。

意圖不軌的人常常為了各種不同的目的，口蜜腹劍說服你，來達到他控制你的手段，但唯有內心軟弱的人才容易被這樣的人所左右。我們的軟弱有可能在於「無知」，沒有足夠的經驗去分辨真偽。因此我們需要時間，需要吸取更多的知識，也需要不斷從錯誤中學習。這不是讓我們變得失望，而是鍛鍊我們成為更加堅強勇敢的人。

隨著經驗與知識的不斷累積，我們才能更懂得保護自己，避開那些危險的行為，躲過那些危及我們幸福的決定。我們需要多替自己著想，而不是任人擺佈。因為你已經懂得分辨，哪些對你是好的、哪些會造成不良影響？我們不需要因為害怕得罪他人，而勉強自己做出違背心意的事。這就是一種捍衛自我的價值所在。

雖然被掀開記憶的鍋蓋，依然可能讓你又陷入那種回憶裡的憂傷，但當那些負面情緒來臨時，不妨回過頭想想現在的你是否會再重覆那樣的行為？如果往事重來，現在的你是否有更好的處理方式？

當你知道自己已經不同了，實在沒有必要隨別人的話語起舞，你應該學習怎麼保護自己不再受到傷害。這才會讓那些曾經受過的傷有了代價。讓我們變得更喜愛現在的自己，才不枉費人生走一遭。

一個強者懂得捍衛自己，弱者卻只會讓人牽著鼻子走，
不斷循環自己的錯誤。

011

找尋自己的定位

我們都應該及早替自己找尋一個定位，這包括你面對事情的態度跟原則，那是你可以依循的標準。當有人冒犯這個原則時，你可以盡早做好因應措施。

這個原則不是一開始你就能掌握的，通常得透過很多經驗的累積，才能漸漸整理出你真正要的是什麼，又什麼違反了你的意識。

當我們被迫去做一件事，你的感受是最真切，這不是任何人可以左右的。也許礙於工作環境，我們不得不去配合，又或許我們意志不堅定，根本不知道自己真正想要的是什麼？一直要等到跌了跤、碰到了挫折，我們才有深刻的體悟。這正是最好調整的時候。

米爾頓說：「從未遭遇失敗的人，對自己或是別人，都是一知半解的。」

生活中我們難免會與人摩擦，畢竟沒有完全一模一樣的人，就算是再好的親友也一樣。因此你需要看清自己與他人的分別，懂得如何控制自己的行為，而不是受制於人。

發覺自我意識並非自大，而是清楚表達出你的想法，讓別人接受，並堅持自己的底線。這樣的堅持是有其必要的，特別是當面對一個陌生的環境，別人都不了解你時，太多的妥協跟依賴，很容易讓別人忽略了你的需求，而開始對你予取予求。

當我們搖擺不定時，最容易受傷的還是自己。許多的傷害，往往要我們親自去嘗試了才知道，這經驗十分重要，有些人往往忽略了些微的警訊，而失去了自己的防線。

拒絕需要勇氣，也需要技巧，這些旁人教不來。尤其在現今這個社會，看好戲的人多，真正為你著想的人稀少，你又怎能分辨真正的居心何在？

如果我們心中都能有一個標準，不需要怕人知道，也不要怕去表達。因為只要經過幾次之後，當別人了解了，反而更能贏得他人的尊重。一旦清楚你的原則，也就了解你這個人，自然而然那些有心者便會自動退散，你也省卻日後不少的麻煩。

當你有了自己的原則，無形中也為自己設下定位。你能清楚知道什麼該為、什麼又不該為。或許就短時間而言，你會有所損失，但長期來說，你還是贏家。至少不會讓自己糊糊塗塗受了傷，這不是劃地自限，而是讓你在堅守原則下，擁有更多發揮的空間，並非讓你漫無目的行事，表面上看似自由得過度，事實卻是擠壓了自我的空間。

因為你有了一套屬於自己的標準，更讓你有依循的方向，你能心無旁鶩的往前邁進，而不是毫無頭緒的繞圈子。

於是，當你把自己定位在哪，也就注定了你的成功與否。

有心者總是會試探，一旦你縱容，很容易就成了被操弄的對象。

國家圖書館出版品預行編目資料

接受過去的不完美，活出未來更好的自己 / 徐竹著．——初版——新北市：皛冠，2019.10
面；公分．——（時光菁萃系列 ；5）

ISBN 978-986-97438-5-3（平裝）

1. 修身 2. 生活指導

192.1 108014355

時光薈萃 05

接受過去的不完美，活出未來更好的自己

作　　者 徐竹
副總編輯 林美玲
特約編輯 謝函芳
封面設計 王心怡
插畫版權 Shutterstock, Inc. / StudioLondon
出版發行 皛冠出版有限公司
電　　話 02-7731-5558
傳　　真 02-2245-1479
E-mail ace.reading@gmail.com
部 落 格 http://acereading.pixnet.net/blog
總 代 理 旭昇圖書有限公司
電　　話 02-2245-1480（代表號）
傳　　真 02-2245-1479
郵政劃撥 12935041 旭昇圖書有限公司
地　　址 新北市中和區中山路二段352號2樓
E-mail s1686688@ms31.hinet.net
旭昇悅讀網 http://ubooks.tw/
印　　製 福霖印刷有限公司
定　　價 新台幣250元
出版日期 2019年10月 初版一刷
ISBN-13 978-986-97438-5-3